新时代版

上下五千年

总 主 编　张海鹏
执行主编　王育济 于化民

⑦

明

少年儿童出版社

湖北武当山，明成祖曾在此大兴土木

出版工作委员会

主　任
冯　杰

副主任
洪星范 林　斌

编辑组成员
孙浩伟 马淑艳 曹　燕 王浩浩 王奔惑

美术总监
赵晓音

整体设计
施喆菁

技术编辑
吴铁伟 许　辉 陈钦春

责任校对
石玲凤 沈丽蓉 陶立新 黄亚承 黄　岚

特约编审
沈　岩

出版工作组

《新时代版上下五千年·明》
责任编辑 马淑艳
美术编辑 施喆菁
装帧设计 施喆菁
插图绘制 陈汉煜
排　　版 上海商务数码图像技术有限公司

编撰委员会

序 言

中国是世界文明古国之一，有五千多年的发展史。中华文明是世界上唯一不曾中断的文明史，有着自己独特的文明特质。“上下五千年”代指整个中国历史。作为中国人，应该了解自己民族的历史，树立起文化自信、民族自尊。

“四十年阅读魅力，五千年璀璨文明。”《上下五千年》是我国第一部贯通中华五千年文明的少儿历史通俗读物，由林汉达先生开创了“以故事讲历史”的形式，自从二十世纪七八十年代问世以来，一直受到读者的热烈欢迎，在海内外产生了广泛而深远的影响，由此成为少年儿童出版社的经典品牌图书。从第一版到现在，《上下五千年》已经完成了几次重大的内容更新与增补，给几代读者留下了美好的阅读记忆。

党的十八大以来，中国进入社会主义的新时代，学习和把握上下五千年的中华历史，重构对中华文明的尊重与思考，发扬中华优秀传统文化的特质，建立更深沉、更持久的文化自信，已经成为中国文化发展的一个崭新标识。在这样一种宏大的社会背景中，少年儿童出版社认真总结了过去四十余年的出版经验，对《上下五千年》从内容到形式进行了全面改造，推出了符合新时代需求的全新版本。

这次推出的《上下五千年》（新时代版），以“弘扬正气，积极向上；当代意识，现实观照；以事带史，小中见大；故事性强，文辞优美；言之有物，力避空泛”为宗旨，对全书的规模、版块、内容、艺术表现和包装等，重新进行了整体设计。从中国上下五千年的历史长河中，精选数百个条目，按照习近平总书记“讲好中国故事”的要求，以图文并茂的形式把中国历史呈现给小读者。

在近三年的编纂过程中，二十余位史学界权威专家教授组成了编委会，七十余位中青年史学家组成作者团队，大家本着严谨求实的态度，在新时代史学观念的指引下，重新拟定条目、遴选素材，充分吸收新的研究成果，不仅按照时间顺序勾勒出中国历史发展的主线，还增加了许多专题史内容，生动展现出中华民族一路走来的曲折历程和创造的灿烂文化。作者们撰写各篇目时，延续了林汉达先生开创的“以故事讲历史”的形式，在保证专业性的同时，也注重故事性、可读性，并且搭配了许多插图、历史照片、小贴士、名人名言等，以期更符合当代小读者的阅读习惯、审美趣味和认知能力。

少年儿童是祖国的未来，是中华民族的希望。为少年儿童服务，就是为祖国的未来服务。现在这一代少年儿童，在中华人民共和国成立百年，即中华民族伟大复兴完成的时候，他们当成长为国家的栋梁之材。帮助他们了解中华民族五千年文明发展史，就是帮助他们系好人生的第一粒纽扣，不仅能让更多小读者从历史中看到华夏文明的璀璨、民族精神的可贵，还能激发他们的民族自豪感和为中华民族伟大复兴事业献身的爱国主义热情。少年儿童出版社及时推出了符合时代需求的《上下五千年》全新版本，相信可以在普及国民历史教育，尤其是在普及少年儿童的历史教育、构筑国家文化战略的根基方面，发挥应有的作用。

目录

日月山河

市 井 风 华

明代掐丝珐琅摩羯纹象足炉

日月山河

《上下五千年·明》是丛书的第七册，分为《日月山河》《市井风华》两个篇章。其中《日月山河》主要讲述了明朝（1368—1644）中前期的故事。

明太祖朱元璋出身贫寒，后投身农民起义军，在长期征战中脱颖而出，成为一位布衣天子。驱逐蒙元，恢复汉民族对中国的统治，即所谓华夏山河“日月重开”，是他一生的伟业。他兴“胡蓝之狱”，废除宰相制度，强化专制皇权，对明清两代产生了复杂的影响。

“靖难之役”后的明成祖时期，明朝国力达到顶峰。迁都北京、五征漠北、郑和下西洋，以及编修《永乐大典》等壮举，皆发生在这一时期。除了太祖、成祖时期，明朝中前期的大部分时间在平静中流过。于谦指挥北京保卫战、海瑞“骂皇帝”、戚继光抗倭，以及李时珍撰成《本草纲目》，则是这一时期耀眼的亮色。

明朝中期，内阁权力不断滋长，到嘉靖、万历年间，内阁首辅俨然成为真宰相。皇帝信任的宦官开始与内阁结合，形成了明朝独特的政治决策机制，也横生出许多政治波澜。

程朱理学的统治地位在明朝中期受到王阳明的挑战。阳明心学“掀翻天地”，一定程度上改变了明朝后期的思想文化格局。

从和尚到皇帝

明朝开国皇帝朱元璋出身贫苦，年少时剃发出家，四处流浪化缘为生，后来参加红巾军反抗元朝。他先后击败陈友谅、张士诚等割据势力，在应天（今江苏南京）定都称帝，建立了大一统的明朝。

落发为僧，云游化缘

元天历元年（1328年），濠州钟离（今安徽凤阳东北）的一户农家中，一个男婴呱呱坠地，被取名为朱重八。因为家境贫寒，朱重八小时候曾经给地主放牛。十七岁那年，他的生活遭遇了重大变故。当时，旱灾、瘟疫接踵而至，他的父母、大哥在一个月内病死。年少的朱重八为生计所迫，进入於皇寺当了和尚。后来，他改名为朱元璋，成为明朝的开国皇帝。从和尚到皇帝，可想而知，朱元璋的这条路走得相当不易，也留下了许多精彩的故事。

朱元璋刚进於皇寺的时候，还算是有口饭吃。但好景不长，寺院开始缺粮，许多僧人逃往别处觅食，朱元璋也被迫云游他乡，靠化缘过日子。云游期间，朱元璋饱尝艰辛，耳闻目睹了贫苦百姓生活的艰难。这段经历虽然不堪回首，却也让他接触到各种人物，领略了各地的风土人情，开

清代年画《洪武出世》

“洪武”是朱元璋称帝后的年号。这幅年画描绘的是朱元璋小时候的传奇故事，相传他在放牛时与小伙伴一起玩当皇帝的游戏，通常都是他扮演皇帝。

明皇陵

位于安徽凤阳南，是朱元璋登基后为父母修建的陵墓。明中都皇故城及皇陵石刻为全国重点文物保护单位。

阔了视野，积累了丰富的社会生活经验。经过这番磨砺，朱元璋变得坚毅、果敢，遇事镇定自若。同时，世态炎凉也使他变得冷酷多疑。云游数年后，朱元璋回到了於皇寺。

加入义军，自谋发展

至正十一年（1351年），红巾军起义爆发。定远县有个叫郭子兴的地主起兵响应，在第二年攻占了濠州，声势浩大。於皇寺在乱兵中被火烧毁，僧人四散逃命。此时，朱元璋的朋友来信，劝他加入红巾军。朱元璋心中忧惧，拿不定主意，这事不巧被别人知晓，有被告发的危险。情急之下，朱元璋去占卜，占卜结果显示，逃往他乡和待在寺中都不吉利，加入红巾军却可能有一条生路。于是，朱元璋决定离开於皇寺，投奔郭子兴率领的红巾军。

朱元璋加入红巾军后，作战勇敢，机智灵活，又粗通文墨，很快得到郭子兴的赏识和提拔。他被郭子兴视为心腹，经常参与谋划。不久，郭子兴将养女马氏嫁给了他。朱元璋平日处事干练，打仗时冲锋在前，获得的战利品全部上交，得到的赏赐总分给大家，赢得了不少士兵的好感，在军队中逐渐树立起威信。

明中都鼓楼

过了一段时间，朱元璋认识到濠州红巾军内部矛盾重重，难成气候，于是他决心组织自己的力量，开创新局面。至正十三年，朱元璋回家乡募兵，儿时伙伴徐达等人纷纷前来，很快募到七百多人。此后几年里，朱元璋攻占的地盘越来越多，势力不断壮大。同时，他还不停地招揽人才，听取意见。有个叫李善长的读书人，建议朱元璋学习汉高祖刘邦，要为人豁达，知人善任，日后可以统一天下。朱元璋深以为然，将李善长留下做谋士。

先取采石，再攻集庆

至正十五年三月，郭子兴病逝。此时红巾军已经建立政权，拥立韩林儿为帝，国号宋，年号龙凤。朱元璋被韩林儿任命为左副元帅，实际上统领了郭部兵马。他率军在长江北岸的和州驻守了几个月，粮食供应紧张，而长江南岸的太平一带盛产稻米，因此他决定攻取江南。将领们都想

明中都凤阳

明洪武七年（1374年），出生于钟离的明太祖朱元璋取“凤凰山之阳”之意，为家乡赐名“凤阳”。凤阳在明朝被定为中都。

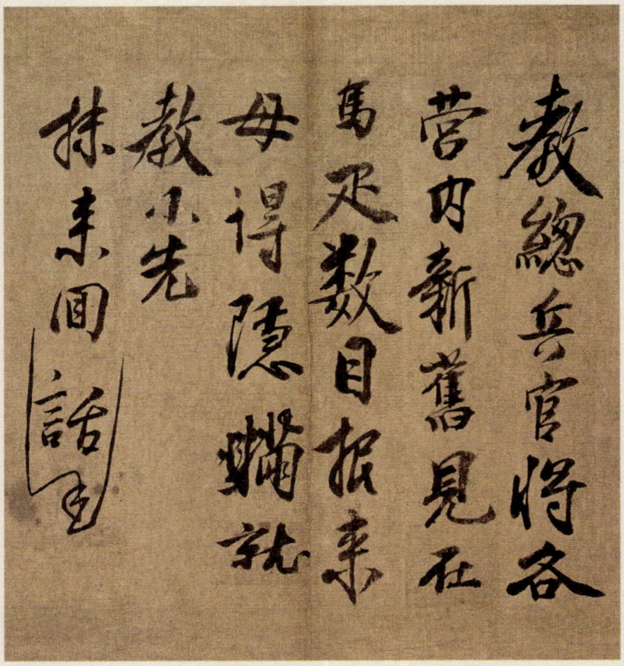

朱元璋手书《总兵帖》
此帖应该是朱元璋写于龙凤十二年（1366年）讨伐张士诚之时，意思是让总兵官上报各营马匹数量，不得隐瞒。末尾有“朱”字花押。

直捣集庆（今江苏南京），朱元璋却说，要先夺取扼守长江南北的咽喉之地采石矶，再顺势拿下集庆。

六月初二黎明，朱元璋率领大军开始渡江。前锋常遇春持戈首先登上采石矶的城墙，将士们紧随其后，杀得元军溃败逃散，一举攻克采石矶，获得大量粮食和牲畜。将士们想把这些东西运回和州，慢慢享用。朱元璋见大家无意进取，就对徐达等人说：“现在渡江侥幸取胜，应当乘胜攻取太平，如果回去，以后再攻打就难了。若是不拿下江东，大事难成。”于是他下令砍断船缆，让船顺流东下。将士们大惊，忙问缘故。朱元璋说：“成大事的人不能被眼前小利迷惑。”于是将士们一鼓作气攻下了太平。入城后，朱元璋下令张榜严禁抢掠。有一名士兵违令抢劫，被斩首示众。城中秩序很快安定下来，朱元璋的队伍受到百姓拥护。

在攻打集庆时，朱元璋先是经历了两次失败。至正十六年，他亲率水陆大军发动第三次进攻，攻破城外元军军营，收降三万六千人。朱元璋发现降军顾虑重重，便从中挑选五百名给自己当警卫，身边只留一名亲信，而后从容酣睡到天亮。降军受到如此信任，非常感动，疑虑全消，他们随朱元璋奋勇作战，很快攻下集庆。进城后，朱元璋安抚百姓，改集庆路为应天府，设大元帅府。从此他有了稳固的根据地，逐步向四周发展。

攻下徽州之后，朱元璋向谋士朱升请教今后的战略方针。朱升说：“高筑墙，广积粮，缓称王。”意思是，要巩固根据地的防守，储备充足的粮草，不先出头称王。朱元璋采纳了朱升的策略，不务虚名，只求稳步扩张实力。

鄱阳决战，灭陈友谅

朱元璋建立以应天为中心的根据地后，周围有四个主要对手：西面的陈友谅，东面的张士诚，东南的方国珍，南面的陈友定。方国珍和陈友定一心保境割据；张士诚对元朝的态度摇摆不定；陈友谅则野心勃勃，势力也最强，是朱元璋的最大对手。

常遇春画像
常遇春是明初名将，怀远（今属安徽）人，在攻取集庆的战役中功劳很大。后来他担任副将军，与大将军徐达共同领兵。自称能带兵十万，横行天下，因此号“常十万”。

从至正二十年起，朱元璋与陈友谅进行了持续的拉锯战。当时陈友谅占据了江西、两湖地带，已经自立为帝，国号汉。至正二十三年，朱元璋与陈友谅在鄱阳湖展开决战，双方打了三十多天。陈友谅兵力更强，而且他的战船高大，居高临下，发炮猛攻，一开始占据上风。朱元璋听取下属意见，发挥小船机动灵活的优势，采用火攻战术，烧掉了陈友谅的大批战船，逐渐扭转战局。陈友谅见形势不妙，准备撤退，朱元璋下令万箭齐发，进行阻截。陈友谅在船中探出头来指挥，被一支飞来的箭射中眼睛、洞穿头颅，当场身亡，他的儿子也成了俘虏。

鄱阳湖之战是中国水战史上以少胜多的著名战例，以陈友谅的彻底失败告终，为朱元璋统一江南奠定了坚实基础。此后，朱元璋被百官推为吴王，仍使用韩林儿的龙凤年号进行纪年。

围攻平江，灭张士诚

消灭陈友谅后，张士诚成为朱元璋的下一个进攻目标。张士诚本来以贩卖私盐为业，为人轻财好施，颇得人心。至正十三年，他率领盐徒起义，攻占泰州等地，第二年在高邮（今属江苏）称诚王，定国号为周。之后他定都平江（今江苏苏州），在江南一带扩张地盘。为了保存实力，张士诚有段时间投降了元朝。到了至正二十三年，他又与元朝闹翻，自立为吴王。

张士诚画像

朱元璋消灭陈友谅后，也称吴王。一山不容二虎，两位吴王展开了对决。朱元璋的军队节节胜利，一举攻克多个州县。随后，朱元璋发布讨伐张士诚的檄文。原本由张士诚控制的许多城池先后投降，平江成为一座孤城，被朱元璋重兵围攻。在围攻平江城时，朱元璋派人去接韩林儿到应天，但韩林儿在渡江途中沉江而亡。此后，朱元璋不再使用龙凤纪年，将第二年定为吴元年。

徐达画像

徐达是明初名将，与朱元璋是濠州老乡。朱元璋攻灭张士诚，北上灭元，都用他为大将军。此后他又连年出兵，打击北元势力。在南京功臣庙中，徐达的肖像位列第一。

张士诚在平江城中，几次突围都失败了。平时张士诚贪图享受，放纵部下，城破的最后一天，他的弟弟张士信在城头督战时仍不忘享乐，坐在

高邮之战

至正十四年，据守高邮的张士诚起义军遭到元军强势进攻，毫无招架之力。此时元顺帝听信谗言，将元军统帅脱脱免职。临阵换将导致元军人心涣散，张士诚趁机反攻，取得了高邮之战的胜利。

此战是元末农民战争的重要转折点，元朝从此丧失了对起义军的军事优势，统治开始土崩瓦解。

银椅上饮酒。随从送上桃子，张士信还没吃到嘴里，就中炮而亡。

朱元璋多次派人劝降，都被张士诚拒绝。吴元年（1367年）九月，平江城被攻陷。张士诚被俘，送往应天，最终自缢而死。至此，张士诚势力覆灭。

明孝陵

钟山位于江苏南京东部，又称紫金山，因其局部断层的紫色砾石外露，山体在阳光照射下呈紫金色而得名。钟山南麓的明孝陵，是明太祖与其皇后的合葬陵寝。明太祖奉行孝治天下，皇后马氏谥号孝慈高皇后，其陵寝故名“孝陵”。1961年，明孝陵被列入全国重点文物保护单位。2003年，作为明清皇家陵寝扩展项目被列入《世界遗产名录》。

北伐灭元，登上皇位

消灭最棘手的陈友谅、张士诚之后，朱元璋任命徐达为大将军，常遇春为副将军，大举北伐元朝。同时，他还派汤和为征南将军，经过数月讨伐，降伏了方国珍的割据势力，平定浙东。

吴二年（1368年）正月，朱元璋在应天称帝，国号明，建元洪武，随后大封功臣。不久，汤和活捉陈友定，平定福建。八月，朱元璋以应天为南京，开封为北京。徐达率明军攻入元朝都城大都（今北京），元顺帝携家眷仓皇北逃，元朝灭亡。

历经十余年南征北战，朱元璋从一个化缘为生的小和尚，一步步走上权力巅峰，登临帝位，开创了延续二百七十余年的明朝，后世称他为明太祖。朱元璋在位期间，重视农业发展，奖励垦荒，推行民屯和军屯，兴修水利，提倡种植桑、麻、棉等经济作物；严惩贪官污吏，打击地方豪强；扶持贫弱，减轻百姓负担。经过他的持续努力，明朝社会日趋稳定，经济逐渐恢复和发展。（赵长贵）

明孝陵中的石象

胡蓝之狱

"胡蓝之狱"是胡惟庸案和蓝玉案的合称。这两起大案都发生在明太祖朱元璋统治时期，共计株连四五万人。跟随朱元璋打天下的功臣宿将和明初的位高权重之人受到灭顶之灾，被屠戮殆尽，也使明初的政局发生了巨大变化。

明太祖的忧虑

打天下不易，守天下更难。明太祖朱元璋为了将政权牢牢控制在自己手中，非常勤政。他五六十岁时，曾在八天的时间里，批阅了1660本奏疏，处理了3391件事情，效率之高，令人惊叹。他对大臣说："难道我喜欢劳累而厌恶安乐吗？只不过自古国家因帝王勤政而兴盛，因怠政而衰亡。天命去留，人心向背，都取决于此。我怎么敢懈怠安逸？"

除勤政外，明太祖还严密监控臣民。翰林学士宋濂与客人饮酒，明太祖派人秘密监视。第二天，他问宋濂昨天是否饮酒，座中客人是谁，吃了什么食物。宋濂如实回答后，明太祖笑着说："是的，你没有骗朕。"

明太祖担心自己去世后，子孙懦弱，驾驭不了跟随自己打天下的文臣武将，于是精心罗织罪名，制造大狱，有计划地清除这些人，"胡蓝之狱"就是在这种背景下发生的。

宋濂画像

宋濂堪称明初一代文宗，被朱元璋誉为"开国文臣之首"，曾主持修撰《元史》。后因卷入胡惟庸案而被流放，途中病逝。

伴君如伴虎

明朝洪武年间，大臣出门上朝前竟然要和妻儿老小洒泪告别！当天若能平安回家，则全家谢天谢地，庆幸不已。这是因为朱元璋喜怒无常，一言不合就对大臣非打即杀，他建国之后不久便开始了对功勋贵族的"大清洗"，其执政之苛刻让满朝文武如履薄冰，稍有不慎则性命难保。

胡惟庸案

胡惟庸是定远人，在和州投奔朱元璋，为开国元勋之一。他精明干练，很快便由县主簿升任中书省参知政事。洪武二年（1369年）十月，明太祖想提拔胡惟庸当丞相，御史中丞刘基反对，说胡惟庸不过是头顽劣的牛犊，驾车会把车拉翻，耕田会把犁弄坏，其才不可任丞相。胡惟庸得知后，非常痛恨刘基。

洪武六年，明太祖还是将胡惟庸升为中书省右丞相。洪武八年正月，刘基患病，胡惟庸带太医前往探视。刘基饮下太医给的药后，感觉腹中似有石块一般。二月中旬，刘基抱病进宫，将这件事告知明太祖，提醒他一定要提防胡惟庸，明太祖不以为意。四月，刘基病亡。

以后嗣君并不许立丞相，臣下敢有奏请者，文武群臣即时奏劾，处以重刑。
——《明太祖实录》

两年后，胡惟庸升任左丞相。大权在握的胡惟庸骄横跋扈，肆意升降官员，滥用生杀予夺之权，大肆受贿。在把官员的奏疏交给明太祖之前，他自己先看，发现对自己不利的就扣下。升降官员、处理犯人等大事，他也不再全部禀报明太祖。其他国家使臣到南京朝贡，胡惟庸也不及时上奏。后来有人说胡惟庸的祖坟上夜晚有光冲天，是异象，胡惟庸听后很得意。

洪武十三年正月，御史中丞涂节告发胡惟庸谋反，并揭发他毒杀刘基的事。明太祖早就察觉到胡惟庸举止异常，此时更是大怒，将胡惟庸逮捕入狱，随后以谋逆罪诛杀胡惟庸及其九族。根据明太祖事后公布的案情，胡惟庸的主要“罪行”还有：拉拢吉安侯陆仲亨和平凉侯费聚，让二人在外招兵买马；派人出海联络倭寇，又命元朝旧臣写信向北元称臣，让他们为叛逆充当外援；私会日本贡使，让其载精兵千人伪装成入贡者，到时候与自己府中的力士里应外合，捉拿明太祖，若事不成，就掠取国库财物逃亡日本。

刘基画像

刘基字伯温，后世习惯称他为刘伯温。元末中进士，后来投奔朱元璋，成为明朝开国功臣，以神机妙算、运筹帷幄著称。

胡惟庸及其党羽遭受重创，所有与胡党有牵连的“余孽”都被明太祖斩尽杀绝。随后，明太祖废除中书省，亲自掌管六部，不再设丞相。

胡惟庸案株连三万多人，是君权和相权矛盾激化的结果。此后，明太祖规定后世子孙做皇帝都不许设立丞相，奏请设立丞相的大臣要被凌迟，全家处死。在中国实行了一千多年的宰相制度就此废除，皇权进一步加强。

明太祖画像

明式家具

南京明城墙“神策门”的外瓮城

蓝玉案

洪武二十五年，皇太子朱标病逝，年仅三十七岁。明太祖哀伤不已，更担心自己死后，懦弱的皇太孙朱允炆驾驭不了那些开国元老，于是借“蓝玉案”对他们痛下杀手。

蓝玉也是定远人，是常遇春的妻弟，多次跟随常遇春英勇作战。常遇春去世后，蓝玉继续南征北战，立下赫赫战功，洪武二十年拜大将军。次年，蓝玉远途奔袭捕鱼儿海（今贝尔湖），俘虏了北元皇帝的二儿子地保奴，以及大量人口、财物。遭此沉重打击后，北元一蹶不振。明太祖很高兴，下诏褒奖，把蓝玉比作卫青、李靖。

随后几年里，蓝玉率军平定西番蛮人叛乱，俘虏一万多人，又带兵远征西番罕东和四川，大胜而还。

明十三陵神道武将石像

蓝玉自恃功高，傲慢失礼。北征时，他私藏无数珍宝、骆驼、马匹。回师路上经过喜峰关时，因为是夜晚，守关官员怕出意外，没有立即开门，蓝玉大怒，纵兵毁关闯入。明太祖知道这件事后很不高兴，蓝玉却不思悔过。他常年领兵在外，擅自升降军官，给军士脸上刺字，甚至违命出兵，作威作福。

西征回朝后，明太祖封蓝玉为太傅，他却捋着衣袖不满地说：“难道我不该当太师吗？”洪武二十六年二月，锦衣卫指挥蒋瓛（huán）告发蓝玉谋反，蓝玉随即被逮捕下狱。明太祖颁布《逆臣录》，下令将蓝玉处死并灭族，株连致死者超过一万五千人，史称“蓝玉案”或“蓝狱”。

“胡蓝之狱”的影响

明太祖登上皇位后，既担心相权威胁皇权，又忧虑自己死后，皇太子朱标和皇太孙朱允炆柔弱，震慑不住开国元勋和江南豪族，危及明朝的统治。他明白只有以谋反罪兴大狱，才能将大批功臣置于死地，于是借胡惟庸案和蓝玉案将他们一网打尽，以绝后患。

胡惟庸和蓝玉确实骄横，但说他们谋反却有点牵强。胡惟庸案从洪武十三年开始，至洪武二十五年结束，主要是为了消除相权对皇权的威胁；蓝玉案从洪武二十六年开始，延续到洪武三十一年明太祖去世才结束，主要是为了消除功臣对皇位接班人的威胁。二者前后相继，后者实际上是前者的延续。

“胡蓝之狱”延续近二十年，株连四万五千余人，跟随明太祖打天下的元勋宿将几乎被诛杀干净，大量江南富家豪族也受到株连被铲除。“胡蓝之狱”影响深远，它不仅使许多大臣家破人亡，造成了浓重的恐怖气氛，还导致后来“靖难之役”时，建文帝手下缺乏能征惯战的大将，以至于连吃败仗，最终丢了皇位。（赵长贵）

锦衣卫木印

三司

明朝初年沿用元制，地方上设行中书省，明太祖认为行省权力太大，将其权力一分为三，设立掌管民政和财政的承宣布政使司、掌管司法的按察使司、掌管军务的都指挥使司，合称“三司”。三司为平行机构，互不统属，长官由中央任命。

明代彩绘描金人物图漆几

靖难之役

明太祖去世后，因皇太子朱标早亡，皇太孙朱允炆继承皇位，年号建文。建文帝削藩，皇室矛盾迅速激化。燕王朱棣指称朝中有奸臣，起兵“靖难”（平定变乱），并最终通过武力推翻了建文帝的统治，夺得帝位，史称“靖难之役”。

明太祖封藩

明太祖定都南京，离北方比较远，而被推翻的元朝残余势力经常扰掠北部边境。明太祖信不过开国功臣，于是把一些关键地方交给儿子和朱姓诸王镇守。明太祖称帝时，立长子朱标为太子。自洪武三年（1370年）开始，他共分封了二十几个朱姓藩王。

在这些藩王中，以宁王、晋王和燕王的势力最强。他们手握重兵，经常带兵作战，战功赫赫。尤其是负责镇守北平（今北京）的明太祖第四子燕王朱棣，更是久经沙场，颇有父亲的勇毅果敢之风，备受器重，被赋予统辖所属各镇兵马的权力。

除了镇守各地、拱卫京师外，明太祖还赋予各位藩王兴兵讨伐朝廷奸臣的特权，以使朱家王朝的统治长治久安。但是，后来形势的发展使他的这一愿望化为泡影。

燕王的野心

燕王朱棣势力最强，野心也最大。民间流传着这样两个小故事：

明太祖选择名僧辅佐各位藩王时，僧人道衍（即姚广孝）向燕王自荐说：“殿下如果能用我，我就送一顶白帽子给大王戴。”“王”字上面加“白”字即“皇”字，言外之意，他将辅佐燕王当皇帝。燕王听后很高兴，请求明太祖让道衍辅佐自己，并如愿以偿。

燕王到封国后，有一天，天气非常寒冷，他在宴会上说出一句上联：“天寒地冻，水无一点不成冰。”让手下人对下联。道衍应声说：“国乱民愁，王不出头谁是主。”暗指燕王将是一国之主，燕王听后很高兴。

这两个与道衍相关的小故事虽然只是民间传说，但也从侧面反映出燕王的野心早已有之。

姚广孝画像

“黑衣宰相”姚广孝

姚广孝出身医学世家，却在少年时代选择了出家当和尚，法名道衍。但他从来就不是一个谨守佛法的僧人，而是一边研究佛法，一边又拜了道士为师。他四处游历，广交能人，志在辅佐帝王，成就霸业。

成为燕王朱棣的心腹后，姚广孝出谋划策，帮助朱棣“靖难”举事成功。朱棣夺位成功后，姚广孝什么都不要，还是选择当和尚。他一般居住在寺庙中，上朝时穿朝服，退朝后仍穿黑色僧衣，所以被称为“黑衣宰相”。姚广孝死后以文臣身份入明祖庙。

大将蓝玉与太子朱标的关系非常好，有一次他提醒朱标说："臣看燕王在封国的举动行止与皇帝无异，又听人说燕国有天子气，愿殿下做好预防，一定要小心啊！"朱标却说："燕王对我很恭敬，绝无此事。"蓝玉又说："臣蒙殿下优待，所以密陈利害，但愿臣所说的不会应验。"朱标没有再说什么。朱棣知道这件事后，别有用心地对明太祖说："有些在朝的公侯纵容不法分子，将来恐怕尾大不掉，应该妥善处置。"暗将矛头指向蓝玉。后来明太祖诛杀蓝玉，趁机兴起大狱，与这有很大的关系。

起兵"靖难"

太子朱标三十七岁那年因病去世，明太祖册立朱标的儿子、十五岁的朱允炆为皇太孙，这一变故更刺激了燕王朱棣想当皇帝的欲望。洪武三十一年，明太祖去世，随后朱允炆继位，年号建文，后世习惯称他为建文帝。

各地的藩王大多是建文帝的叔父，他们轻视年轻的皇帝，言行颇为不逊。建文帝对此很焦虑，就采纳大臣黄子澄、齐泰等人的建议，按先弱后强的顺序进行削藩。他首先借故削去与朱棣关系密切、势力较弱的周王、代王、湘王、齐王、岷王的兵权和爵位，将他们流放远方，以孤立朱棣。

朱棣不愿坐以待毙，暗中招募勇士，选将练兵，准备叛乱。不久，建文帝任命谢贵为北平都指挥使、张昺（bǐng）为北平布政使，负责监视朱棣，并以备边为名，抽调他的兵力。

为掩人耳目，麻痹建文帝，朱棣假装患病，或在闹市狂走，胡言乱语，抢夺别人的酒食；或躺在土中，整天不醒；或在府中拄着拐杖，蹒跚而行。一天，谢贵、张昺来探病，并查看虚实。当时正值盛夏，朱棣却坐在火炉边烤火，全身摇颤，不停地喊冷。二人相信朱棣真的病了，就放松了警惕。不久，燕王府中的朝廷内应密告二人说，燕王根本没病，不要被假象迷惑。

建文元年（1399年）七月，朝廷下令削除朱棣的爵位，逮捕王府属官，于是谢贵、张昺带兵包围了燕王府。然而，事前有人向朱棣告密，朱棣早有准备。他先抓获了朝廷内应，又借口交付王府属官，引诱张昺和谢贵进入燕王府，设伏兵

南京午朝门公园与明故宫遗址

> 《皇明祖训》
>
> 洪武二十八年（1395年），明太祖编定《皇明祖训》作为家法，令子孙后代遵守。该书分为祖训首章及持守、严祭祀、谨出入、慎国政、礼仪、法律、内令、内官、职制、兵卫、营缮、供用等章，对后世嗣君（继位的国君）及宗室的个人起居、品格操守、政务处理办法及宫廷制度等都做了周密安排。书中强调，朱姓诸王在朝廷出现“奸臣”时可以奉密诏“靖难”。

杀了他们，随后将朝廷内应处死。谢贵的部下群龙无首，一哄而散。之后，朱棣根据明太祖《皇明祖训》中“如朝中无正臣，内有奸恶”，亲王可以统兵讨伐的说法，指称黄子澄、齐泰为奸臣，以“除奸恶，清君侧”为旗号，起兵“靖难”。

建文帝连吃败仗

听说燕王起兵，建文帝下令削除他的宗室属籍，废为庶人。因为能征惯战的大将已经在“胡蓝之狱”中几乎被杀光，建文帝只好任命才能平庸的耿炳文为大将军，在建文元年八月率三十万（有史料记载是十三万）大军北上平叛。

临行前，建文帝要求众将士千万别伤害朱棣，不要让他背上杀叔父的恶名。这一缺乏政治手腕的愚蠢命令使平叛大军在战场上投鼠忌器，畏首畏尾。作战经验丰富的朱棣以逸待劳，又充分利用这一荒唐的命令，每次作战都挺身而出，虽然屡屡与明军短兵接战，却安然无恙。偶尔打败仗时，朱棣往往一人殿后，追兵数百人都不敢近身，朱棣毫发无损，还射杀多人。

明军连吃败仗，损兵折将，伤亡无数。建文帝见形势不妙，于是派李景隆取代耿炳文，率五十万军队再次讨伐朱棣。李景隆是个纨绔子弟，不擅长打仗。朱棣采取诱敌深入的战术，派少量兵力引诱李景隆进攻北平，自己则带领主力绕道，包抄后路，前后夹击，把李景隆打得大败。

第二年四月，燕军与明军在白沟河展开激战。朱棣亲自带兵往复冲杀，浑身是血，连续更换了三匹战马。第二天，他带领数千骑兵闯入李景隆的阵营冲杀，明军大败，投降者十多万人。紧接着，燕军进入山东，又在济南大败李景隆。李景隆屡战屡败，建文帝被迫派人向朱棣讲和，结果遭到拒绝。建文帝只得以盛庸取代李景隆，继续作战，此后双方互有胜负。

到建文四年，朱棣已经攻占山东许多地区。不过，燕军虽然胜多负少，但部队数量有限，长期转战已成强弩之末，僵持下去对他们很不利。正在这时，从南京皇宫内逃出的太监向朱棣告密，说京城兵力空虚，可以一举攻克。朱棣闻之大喜，决定不再与明军纠缠，抓住这个有利时机，避实击虚，率军南下，直取南京。

五月，朱棣派出小部分军队，在淮河南岸大败盛庸所率的水陆大军，而后全军渡过淮河，很快攻

明代镶嵌宝石凤凰金簪

到长江北岸。建文帝形势危急，被迫下罪己诏，并采纳侍讲学士方孝孺的缓兵之计，派朱棣的堂姐庆城郡主去求和，说愿意割地，请求退兵。朱棣说：“父亲给的封地，我都保不住，割地又有什么用呢？这是奸臣的缓兵之计，我怎能被欺骗？”庆城郡主无言以对，只得告辞。

燕王夺取皇位

建文四年六月，燕军渡过长江，直扑南京。守卫金川门的李景隆和谷王朱橞开城门迎降，南京城陷落。燕军进城后，皇宫燃起大火，有人说建文帝和皇后、妃子自焚了。朱棣派人在废墟中寻找，发现几具烧焦的尸体。他对着尸体号啕大哭说：“你真傻啊，我是来帮你为善，你竟然不明白，以至于到了这种地步啊！”然后他礼葬尸体，捉拿黄子澄、齐泰、方孝孺等建文帝的忠臣，大杀宫人、女官和宦官，只留得罪过建文帝的人。

朱棣又将建文帝的母亲幽禁于朱标的陵墓，杀掉建文帝诸兄弟。建文帝七岁的太子朱文奎在混乱中失踪，极可能被杀身亡。两岁的幼子朱文圭被幽禁，称为“建庶人”，直至明英宗时才被释放。那时他已五六十岁，却还不能分辨马牛，早已成了一个白痴。

群臣拥戴朱棣称帝，他多次假意推脱。不久，朱棣让有“读书种子”之称的方孝孺为自己起草即位诏书。方孝孺为建文帝穿着白色孝服，大哭入殿，朱棣对他说：“我是效法周公辅佐成王啊。”方孝孺厉声反问：“成王在哪里？”朱棣答道：“他自焚死了。”方孝孺又问：“为什么不立成王的儿子？”朱棣回答：“国家需要年长的君主。”方孝孺又问：“为什么不立成王的弟弟？”朱棣苦笑着说：“这些都是朕的家事啊，先生你不要为这些事费神了。”

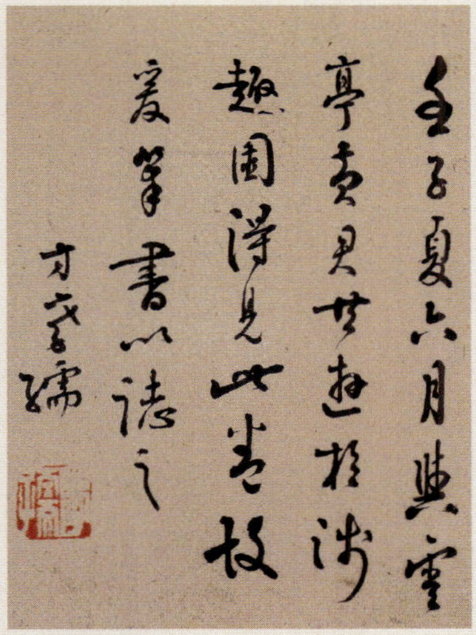

方孝孺书法

左右递上纸和笔，朱棣说：“诏告天下，非先生不可。”方孝孺夺过纸，在上面乱写几个字，把笔扔在地上，哭骂道：“死就死了，诏书我不写！”朱棣听后恼羞成怒，大吼道：“怎能让你痛快地死，难道你就不怕诛九族吗？”方孝孺大声说：“即便你诛我十族，又能怎样！”于是朱棣将方孝孺的朋友和门生作为一族，连同他的宗亲九族共八百余人全部杀害，方孝孺与齐泰、黄子澄等人也被处死。

就这样，燕王朱棣正式取代建文帝，登上帝位，改年号为永乐，他被称为永乐皇帝，后来获得庙号“成祖”，所以又被称为明成祖。（赵长贵）

明代铜犀牛形水注

瓜蔓抄

“瓜蔓抄”这个说法出自《明史·景清传》。永乐年间，大臣景清藏着凶器入朝，想刺杀明成祖朱棣，为建文帝报仇。事情败露，明成祖大怒，下令将景清处死，并将他的家族全部株连，后来还不解恨，又把与他相关的乡亲与邻居全部处死，于是整个村子变为废墟。后来，人们把这种辗转牵连，犹如瓜蔓蔓延的迫害方式称为“瓜蔓抄”。

郑和下西洋

郑和下西洋是明朝永乐、宣德年间进行的大规模海上远航活动，时间跨度长达二十八年。在七次航行中，郑和率领船队远航西太平洋和印度洋，到达了三十多个国家和地区。郑和下西洋是中国古代规模最大、船只和海员最多、时间最久的海上航行，也是当时世界上规模最大的远航，对中外经济、文化交往起到了积极作用。

“三保太监”奉命出使

明成祖朱棣的皇位是从侄子手里抢过来的，有点名不正言不顺，所以他很在意周边各国对自己身份和地位的认同。同时，他也很想提高明朝在国外的威望，“示中国富强”，并且进行一些贸易活动。自永乐元年起，明成祖就不断派人进行频繁的外交活动。他将一度关闭的宁波、泉州、广州市舶司重新开放，设置馆驿，接待各国的朝贡使团。在稍后发给各国的告示中，明成祖说自己奉天命，君临天下，希望各国恭顺天道，安分循理，共享太平之福，还说若各国诚意来朝，将会得到丰厚赏赐。在各种外交活动中，郑和下西洋无疑是最重要的，也是影响最大的。

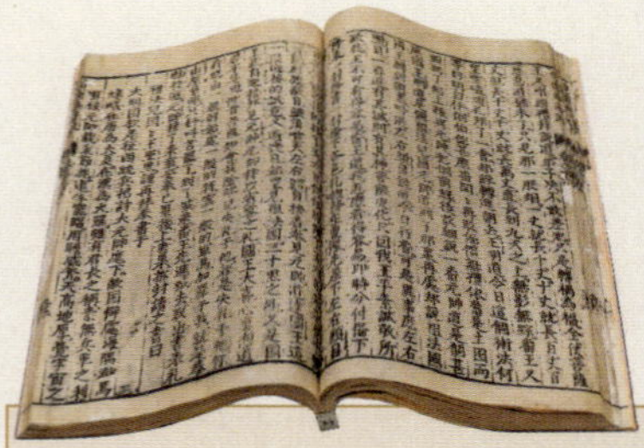

《西洋记》书影

该书全称《三宝太监西洋记通俗演义》，是由明代罗懋登所著的郑和下西洋的故事。

建文帝的下落

靖难之役后，建文帝下落不明，后世对此有许多猜想。有传言说建文帝已在京城的大火中被烧死，但也有不少人认为建文帝未死，而是去了别处，比如出家为僧，或者逃亡海外。一些学者甚至认为，明成祖派郑和下西洋，其目的之一就是为了寻找建文帝的下落。

二千料海船模型

据南京静海寺残碑记载，郑和船队曾配备大型船只“二千料海船”。

郑和是云南人，本姓马。他的祖父和父亲都到过伊斯兰教圣地麦加，因此他从小就对外洋情况有所了解。明军攻克云南，郑和被送进皇宫当了宦官。后来他跟随燕王朱棣，在“靖难之役”中立下战功。朱棣登基后，非常器重郑和，提拔他为内官监太监，赐姓郑。因为他小名三保（也叫“三宝”），人称“三保太监”。

永乐三年（1405年），明成祖任命三十五岁的郑和为正使，与副使王景弘等率领27800余人，分乘60多艘大船、200多艘小船，自苏州刘家港（今江苏太仓东浏河镇）启航，开始了首次西洋之行。

各国来访

明成祖时，除了派郑和下西洋，还向各国派遣使臣50多次，加强了与周边国家和地区的往来。一些国家也纷纷遣使来中国，几个东南亚国家的国王还亲自到中国访问。其中，浡泥国（位于今加里曼丹岛北部）、苏禄国（位于今菲律宾群岛）的国王来访时因病去世，被安葬在中国。

庞大船队的航程

在明朝人眼中，今南海以西的海洋及沿海各地，包括印度及非洲东部在内的广阔区域，被称为“西洋”。自永乐三年至宣德八年（1433年）的28年间，郑和先后七下西洋，累计出使30余国。前三次主要在东南亚和南亚一带活动，后四次均跨越印度洋，行经阿拉伯半岛，最远抵达西亚红海和非洲东海岸一带，堪称中外航海史上的壮举。

郑和历次远航，一般由60多艘大船组成船队主体。根据古书记载，船队中最大的船只长44丈，宽18丈，尽管这些数字的可靠性目前还有疑问，但当时明朝造船技术已相当先进，应是不争的事实。郑和的船队编伍严整，分工明确，还有战船护航。船队随员一般都是两万七八千人，包括使臣、官兵、航海技术人员、财务人员、宗教人士、翻译、医生、厨师、工匠等。他们采用当时世界上最先进的远洋航海技术，能够准确地测定航区、航线和船位，有效地利用季风、海流进行航行。

郑和船队负有外交和贸易的双重使命，偶尔也会遇到武力威胁的情况。他们并不惧怕，总是英勇还击。因为船队中的船只巨大，船员众多，配备利器，往往能够在武装冲突中获胜。

下西洋活动的结束

多年下西洋的巨大开销，是明朝财政入不敷出的重要原因。永乐二十二年，明成祖驾崩。明仁宗继位后，采纳户部尚书夏原吉的建议，下令停止下西洋的活动。郑和第六次下西洋返回后，被任命为南京守备，负责镇守南京，以及主持南京的修造事务。

宣德五年（1430年），明宣宗因西洋各国久不来贡，令郑和再下西洋。宣德六年，郑和第七次

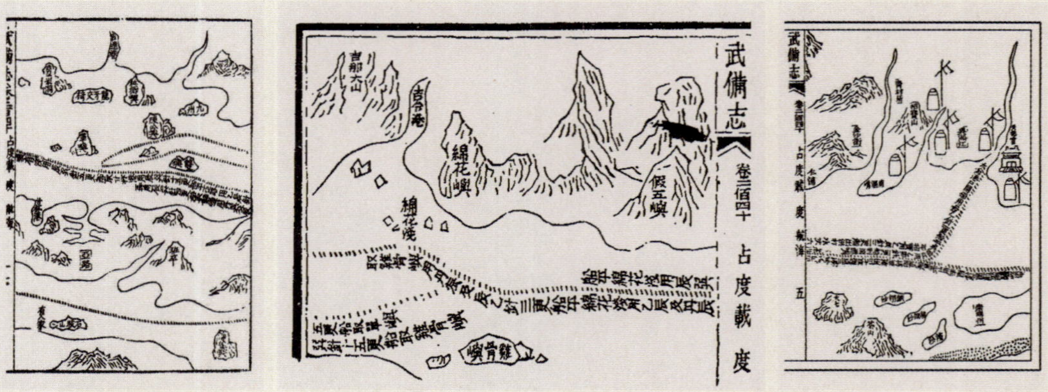

《武备志》中的《郑和航海图》

明代茅元仪所编《武备志》中收录有《郑和航海图》，该图是对郑和下西洋航路的记录。《郑和航海图》是世界上现存最早的航海图集，也是研究郑和下西洋的重要资料。

《天妃灵应之记》拓本

《天妃灵应之记》碑又称“郑和碑”，立于宣德六年，是目前国内仅存的详细记载郑和下西洋壮举的石碑，弥足珍贵。它不仅记载了郑和船队的远航历程，包括历次下西洋的时间、地点、经过等，还褒扬了天妃（妈祖）的神力。

启程下西洋，他在苏州刘家港和福建长乐天妃宫分别立碑刻石，记述历次西洋航行的经历。宣德八年，郑和在归国途中去世，享年六十三岁。

后来，明英宗在正统元年（1436年）和天顺元年（1457年）曾两次遣使下西洋，之后明朝再无此类活动。据说，明宪宗时有宦官曾重提下西洋之事，向兵部索取先前郑和的出行档案。兵部闻讯将档案藏了起来，此事也就因此搁置。这则传说虽不可尽信，但明朝下西洋之举也确实没再继续。

空前壮举，谱写佳话

郑和率领庞大船队巡行西洋各国，颁赐历法、冠服，册封国王，调停争端，展现了明朝先进的技术和文化，以及雄厚的经济和军事实力，实现了明成祖“示中国富强”的愿望。

永乐初年，明成祖征伐安南，明朝与东南亚各国之间正式建立宗藩关系，成为东南亚各国的宗主国。郑和下西洋进一步扩大了明朝在东南亚、南亚和西亚地区的地缘影响，促进了朝贡贸易体系的完善，形成万国来朝的恢宏场面。对于接受册封的各国，明成祖以教化百姓、和平发展为宗旨，以平等相待的方式促成了新的国际秩序形成。之后由于下西洋活动的渐停、对外政策的收缩，以及西方早期殖民者的东来，明朝的海外影响力逐渐减弱。

郑和下西洋的规模之大、时间之长、范围之广，都是空前的。他先是在东南亚、印度洋一带活动，后来又到了中东的阿拉伯国家，最远到达非洲东海岸，比欧洲探险家达·伽马早了数十年，创造了世界航海史上的奇迹。与西方海盗式的探险不同，郑和船队与所到各国和平相处，扩大商路，开展贸易，传播文化，谱写了与各国间友好往来的佳话。（牛震宇）

圣寿宝塔

位于福建福州长乐区南山之巅，始建于北宋，为宋徽宗祝寿而建，故名“圣寿宝塔”。郑和下西洋时，曾登此塔瞭望停泊在太平港的船队，并为其改名“三峰塔”。2006年被列入全国重点文物保护单位。

[明] 仇英《职贡图》(局部)

职贡，古代指藩属或外国向皇帝进贡。《职贡图》是仇英的名作。画面中峰峦起伏，古木苍翠，一队人马由远而近缓缓走来，他们正是前来朝贡的使者。这些使者身着民族服装，打着彩旗，牵着骏马、骆驼，抬着各样宝物。整幅画作场面宏大，人物众多，却热闹而有序，展现出作者高超的构图技巧。

三佛齊

明成祖五征漠北

永乐年间，明成祖准备进一步荡平漠北的北元残余势力——鞑靼、瓦剌和兀良哈三个部落，五次率大军亲征。明成祖五征漠北进一步削弱了蒙古势力，维护了明朝边境的安宁。第五次亲征回朝途中，明成祖病故。

北元分裂

元朝灭亡之后，其残余势力退据蒙古故地，称为北元。明太祖朱元璋在建国初期对北元采取“乘胜追击”的政策，屡次出兵。洪武二年（1369年），明军以一万骑兵荡平开平，击碎了元朝复兴的大梦。洪武三年，明军大败元朝名将扩廓帖木儿，收服元顺帝的孙子买的里八剌，册封其为崇礼侯。洪武五年，明军在岭北之役中失利，开始采取守御防备的政策，以诸王大将设险固守,同时竭力发展生产，厚植国力。

明成祖画像

直到洪武二十一年，明将蓝玉出兵北元，取得捕鱼儿海大捷，北元所部纷纷来降，明太祖喜不自胜：“今朔漠一清，岂独国家无北顾之忧，实天下生民之福也。”于是下令收兵回塞，派遣卫卒到边塞屯田耕作，大将巡行练兵，筑城以强边固防。

在明太祖的多番打击下，占据蒙古的北元实力大为削弱，逐渐按地域不同而分裂为鞑靼、瓦剌、兀良哈三部。其中西蒙古以鄂嫩河、克鲁伦河和贝加尔湖一带为鞑靼部；东蒙古以科布多河、额尔齐斯河流域及其以南的准噶尔盆地为瓦剌部；西辽河、老哈河一带则为兀良哈部。这些北元残余势力时常引兵窥伺明朝边境，犹如一头巨兽横卧身侧，使明朝不敢掉以轻心。

恩抚不成

明成祖朱棣起于燕辽之地，素有大志，智勇双全，多次参与北方战事，展现了非凡的军事才能。身为燕王时，他曾征讨元朝太尉乃儿不花，大获全胜，威名赫赫。朱棣登基后，对北方少

居庸关

居庸关位于北京昌平区西北部，形势险要，自古为兵家必争之地。洪武元年，明太祖为防备元朝残余势力，兴修长城，大将军徐达奉命主持重建居庸关。明成祖曾数次出入居庸关，征战边塞，深知居庸关的重要性，他曾评价说："居庸关路狭而险，北平之噤喉也，百人守之，万夫莫窥，必据此乃可无北顾忧。"

居庸关关城内有云台，是元代过街塔的基座，用大理石砌成，保存有精美的元代石雕，为全国重点文物保护单位。

居庸关云台

数民族以招抚为主，厚往而薄来。永乐初年，他派遣使节去招抚鞑靼、瓦剌各部，并在鞑靼游牧地区建立了一些羁縻卫所，推行通贡互市，宣示"天下一统、华夷一家"，促进蒙汉交流。

永乐七年（1409年），明朝经济复苏，社会稳定。明成祖为完成明太祖的未竟事业，高树威望，意欲以诚相待，招抚鞑靼。然而，明成祖"相与和好，朕主中国，可汗主朔漠，彼此永远相安无事"的要求被无视，连派去的使节也被杀害。明成祖震怒，决心转守为攻，主动出击。他派遣大将丘福领兵十万前往问罪，丘福却因轻敌冒进而全军覆没。为了"一扫胡臣，永清沙漠"，明成祖决定率军亲征，由此揭开了五征漠北的序幕。

发兵北征

战前，明成祖调官遣民，运送粮草，为北征进行准备。永乐八年，他率五十万大军出居庸关，首次亲征漠北鞑靼，气势如虹。明军神机营先声夺人，以炮火为前锋，精锐骑兵、步兵配合作战，鼓角齐鸣。鞑靼首领本雅失里与属臣阿鲁台见此情形，畏惧而逃。明军直击，追至斡难河，本雅失里惨败，辎重尽弃，仅率七名骑兵狼狈逃奔。明成祖班师回朝的路上巧遇阿鲁台，于是立即以精兵征讨。明军强弓硬弩齐上阵，箭矢如雨，阿鲁台惊慌坠马，向明成祖投降。明成祖第一次北征，取得了重大胜利。

鞑靼被明军击败后，瓦剌乘机扩张势力。瓦剌首领马哈木杀死鞑靼首领本雅失里，以从战有劳、马强士壮为由，向明朝索要军器、奖赏等，明成祖不予理睬。为抑制瓦剌的发展，明成祖想借助鞑靼打压瓦剌。瓦剌因此生怨，不仅不去朝贡，还狂妄地扣留明使。永乐十二年，马哈木拥兵饮马河，企图攻击明朝。明成祖忍无可忍，再次统兵五十万，讨伐瓦剌，开启了第二次漠北之征。

明成祖命人先去试探，再以轻骑兵诱使瓦剌军出战。明军以五十万之众对付约三万瓦剌军，虽然人数远胜对手，但瓦剌游牧而居，骁勇善战，明军打得异常艰苦。为制服瓦剌，

明永乐年间花卉纹青花烛台

明长陵

位于北京昌平区军都山脉天寿山南麓，是明成祖及其皇后的陵墓，也是明十三陵中最早、最大和最雄伟的建筑。为全国重点文物保护单位，并作为“明清皇家陵寝”的组成部分，被列入《世界遗产名录》。

明成祖亲率铁骑驰击，明军士气高涨，斩杀瓦剌王子十余人，首领马哈木仓皇出逃。明军继续追杀逃敌，俘获敌军数千名，胜利而归。次年，马哈木等遣使者向明朝谢罪。

然而，瓦剌未平，鞑靼又起。阿鲁台日渐强盛，不时袭扰明朝边境。永乐十九年，明成祖定都北京，谋求巩固北部边境。次年，他下诏筹备北征军饷，先后征调民夫二十三万五千多人，运送粮食三十七万石。同年三月，阿鲁台侵犯兴和一地，杀害明朝驻边都指挥，明成祖于是发兵鞑靼，开始第三次漠北之征。

明成祖采用“步卒居内，骑卒居外，神机营在骑卒之外”的作战策略，山上高望，山下伏击，重创了鞑靼部。

第四次和第五次北征，是明成祖的主动出击。永乐二十一年，边关传来阿鲁台将要扰边的消息，明成祖率军三十万远涉漠北，驻扎塞下，等待出击。而阿鲁台因为被瓦剌打败，部落溃散，没有出兵应战。正在明成祖为扑空而懊恼时，另一鞑靼首领也先土干率部属归降，明成祖总算没有无功而返。

永乐二十二年，大同守将上奏阿鲁台侵扰边塞，明成祖再次挥军北征鞑靼，但阿鲁台再次逃走，避而不战。明成祖只好下诏宣告阿鲁台罪过，招降他的部将。这两次征伐鞑靼收获甚微，明军筋疲力尽，一代雄主朱棣最终也在第五次北征回师途中，驾崩于榆木川（今内蒙古多伦西北）。

肃清漠北

明成祖的五次北征，是以大规模的军队对漠北发动的正面进攻。后人评价明成祖“五出漠北，三犁虏庭”，意思是明成祖的征战就像犁地一样把蒙古翻了个底朝天，达到了“肃清漠北”的效果，显示了明朝统一天下的气势。

明成祖以“靖难”取得皇位，登基之初，人心未服，一方面为了建立不朽功勋，树立英武之君的形象，另一方面也为了消除漠北的威胁，因此才五次率军亲征。

明成祖出兵漠北，阵势浩大，劳民伤财，致使国库损耗严重，付出了不小的代价，但同时也打击了鞑靼、瓦剌等对北疆的骚扰，一定程度上震慑了蒙古势力，巩固了北部边防。明成祖曾说：“华夷本一家，朕奉天命为天子，天之所覆，地之所载，皆朕赤子，岂有彼此？”五征漠北，对多民族统一国家的巩固以及边疆的社会发展起到了积极作用。（朱莉敏）

> 六师屡出，漠北尘清。至其季年，威德遐被，四方宾服，受朝命而入贡者殆三十国。
>
> ——《明史·成祖本纪》

奴儿干都司的设立

明成祖在位时，设立奴儿干都司，作为管辖东北地区的地方军政机构。通过这一举措，明朝加强了对奴儿干地区的管辖，促进了内地与奴儿干地区的联系，为奴儿干地区的经济社会发展创造了条件，同时也维护了明朝的统一。

明朝经营东北地区

奴儿干又被称作耦儿干、弩而哥、纳里干，位于黑龙江下游东岸，那里风景秀丽，山川如画。元至元十年（1273年），元朝征东招讨使塔喇率军到此，不久便在这里设置了东征元帅府。

元末明初，女真人主要生活在黑龙江下游及乌苏里江两岸，其中包括仍处于原始社会末期、以渔猎为主的野人女真，以及生产力水平相对较高的海西女真、建州女真，他们被合称为“女真三部”。在元朝时，他们被划归辽阳行省管辖，但这种管辖只是象征性的，有其名而无其实。

洪武元年（1368年）秋，北伐的明军攻破元大都，元朝灭亡。但是元军主力尚存，数十万军队盘踞在明朝东北到西北绵延数千里的北疆一线，不断南下袭扰。为了巩固统治，明太祖一方面调兵遣将，攻打元军，另一方面采取招抚边疆地区少数民族的策略，分化瓦解元朝的残余势力。

黑龙江流域风光

洪武四年，明朝设置辽东卫指挥使司，同年又将其改建为定辽都卫指挥使司。洪武八年，随着明朝将全国设置的都卫全部改为都指挥使司，定辽都卫指挥使司也改为辽东都指挥使司，简称辽东都司。都司就是地方最高军事领导机构，在辽东都司之下，明朝陆续设置了广宁、金、复、海、盖、铁岭等25个卫，以及安乐、自在两个州。之后，明朝以此为基础，采取征讨与招抚相结合的手段，积极经营东北地区。

设置卫所

对于生活在黑龙江流域的女真人，明朝主要采取招抚政策，朝廷派遣官员向女真人说明对他们的恩惠，以争取各部酋长归顺。该政策成效显著，女真各部纷纷表示愿意归顺，成为明朝管辖的臣民，并来朝纳贡，接受敕封。洪武十五年，鲸海千户速哥帖木儿等归顺明朝。第二年，海西右丞阿鲁灰也派人来朝，表示归顺。到了永乐年间，黑龙江南北与海东之滨的女真各部首领均已归顺明朝。

为了进行有效管理，明朝根据女真人归顺的具体情况，在当地设立了若干个卫、所，封其首

［明］佚名《明宣宗射猎图》

领为世袭官员，利用朝贡赏赐、贸易等经济手段“教化”这些比较落后地区的首领，同时还利用宗教、儒学等对其进行思想控制，使之与中原内地百姓“同服王化”。到永乐七年（1409年），明朝在海西与黑龙江、松花江、乌苏里江流域共设置了132个卫，已经具备了在此地建立一个更高级别的地方行政机构的客观条件。

在奴儿干地区设置都司

永乐七年，明朝正式设立奴儿干都指挥司，作为管辖东北地区的地方军政机构。它的设立是明朝承袭元朝对东北统治的重要标志。

这年四月，奴儿干地区一个名叫忽喇冬奴的地方酋长到北京觐见明成祖，受到明成祖的赏识，被封为指挥千户。忽喇冬奴当即奏言，奴儿干地区位置重要，完全有必要设立元帅府。明成祖赞同他的建议，于是正式下令设立奴儿干都指挥使司，任命康旺为都指挥同知，王肇舟为都指挥佥事。随后康旺、王肇舟等官员与钦差内臣亦失哈一起，率领官军1000余人、大型船只25艘，前往今黑龙江下游东岸的特林，代表明朝中央政府，加强了对奴儿干地区的统治。一路上，队伍所到之处，皆受到当地女真部落的欢迎，亦失哈代表朝廷赐给这些部落首领官爵印信，赏给他们衣物，他们纷纷表示要管理好辖区，效忠明朝。

奴儿干都司是明朝设立的第十八个都司，它所辖的范围北到黑龙江口、南连海西，与辽东都司相依相辅，互为掎角，是明朝在东北地区设立的一个重要行政机构。鉴于奴儿干地区的特殊地位，明朝未在此地设立像内地一样的府、州、县等政权机构，而是设立卫、所，册封少数民族首领，使之臣属于明朝，承担纳税、从征、戍守等义务。据弘治、正德年间编修的《大明会典》记载，奴儿干都司下辖384个卫、24个所。

奴儿干都司并非纯粹的军事机构，而是一个军政合一的地方行政机构，直属于明朝中央政府。由于特林地区地势险要，明朝将奴儿干都司的治

卫所

卫所是军政合一的建置单位，始于明太祖时。数府划为一个防区设卫，下设千户所和百户所。大抵1卫5600人，统辖5个千户所；1千户所1120人，统辖10个百户所；1百户所112人。卫所自成体系，与府、州、县严格分开，分属于各省都指挥使司（都司）。卫的军官称“指挥使”，所的军官称“千户”“百户”。

明仁宗（左）、明宣宗（右）画像

明成祖之后，明仁宗朱高炽（年号洪熙）和明宣宗朱瞻基（年号宣德）先后在位十二年。他们采取宽松治国、节俭开支、选贤任能、加强集权等手段，保持了明朝的社会安定和经济发展，被称为“仁宣之治”。

所设在此地，驻防在奴儿干都司的官兵有时多达3000人，少时也不下500人，每隔两年轮换一次。奴儿干都司的建立，标志着明朝正式确立了对奴儿干地区的有效统治。

加强与奴儿干地区的联系

为了加强与奴儿干地区的联系，明朝中央政府经常派遣官员前去巡视，亦失哈就是其中的典型代表。从永乐到宣德年间，亦失哈多次巡视奴儿干都司，每次前往都抚慰当地百姓，带去大量赏赐之物进行分发，既加强了各民族的团结，又促进了当地的发展。

永乐十一年，亦失哈第三次巡视奴儿干都司时，决定在治所附近原有观音堂的基础上，修建一座供奉观世音菩萨的佛教寺庙，命名为“永宁寺”。永宁寺建好后，亦失哈在寺前竖立了一块石碑，上刻《永宁寺记》碑文，记述明朝建立奴儿干都司的史实及亦失哈前两次巡视的过程。

宣德七年（1432年），亦失哈第十次巡视奴儿干都司时，发现原先建立的永宁寺已经毁坏，于是重建了永宁寺，并于第二年再次竖立了一块石碑。石碑上刻有用汉、蒙、藏、女真四体文字书写的《重建永宁寺记》的碑文，记载了重建永宁寺等情况。碑文中所列的官员包括汉人、蒙古人、女真人及其他少数民族，充分说明奴尔干都司是明朝这个多民族国家的地方行政机构。

为了巩固和加强对奴儿干地区的管理，明朝还在那里修建了四通八达的驿路。当时东北地区共有六条主要驿路，奴儿干地区就占了四条。最著名的海西东水陆城站是东北交通干线，顺着它能从奴儿干城直抵底失卜（今黑龙江双城西南），它有力地加强了奴儿干都司内部的联系与交往。通过驿路，内地先进的经济文化也传入奴儿干地区，极大地促进了民族交往、交流、交融，加快了该地区的生产力发展。（杨力源）

永宁寺碑

《永乐大典》

《永乐大典》是明代官修的一部大型类书，也是有文献记载的中国古代历史上最大规模的类书。它的出现，显示了明成祖文治武功两手抓和提升文治的努力。

故宫局部

解缙编书

明成祖武备雄烈，然而他是抢夺侄儿建文帝的皇位才成为皇帝的，在舆论上处于不利地位，所以他想编写一部大规模的书，依靠在文治方面的功业，回应社会上的各种质疑。被他选中主持编书的人，是翰林学士解缙。

解缙是江西吉水人，祖、父两代都是有名望的乡绅。洪武二十一年（1388年），年仅十九岁的解缙考中进士，被选为翰林院庶吉士。明太祖非常欣赏解缙这个年轻人，常留他在身边侍候，还曾对他说：“我跟你，从道义上说是君臣，论恩情就像父子，你要知无不言。”后来解缙顶撞、得罪了多位朝中重臣，明太祖无奈，令其回家读书，许诺十年之后重用。然而不到十年，明太祖就去世了。解缙听闻噩耗，犹如遭受晴天霹雳，没有得到皇命允准就去南京吊丧，结果遭到朝中重臣的批评。建文

北京故宫全景

永乐十九年，明成祖将都城从南京迁到北京，这是一个具有重大历史意义的事件。

乃命文学之臣，纂集四库之书，及购募天下遗籍，上自古初，迄于当世，旁搜博采，汇聚群分，著为奥典。

——明成祖《御制永乐大典序》

永乐通宝

帝也担心诸王、大臣效仿解缙，于是将他贬到西北河州担任小吏。解缙到河州之后，大病一场，几乎丧命。长期郁郁不得志的他，直到朱棣攻占南京，才重新受到赏识和重用。

明成祖登基后不久，就安排解缙主持编纂一部大型类书，还召见参与编书的人，说："凡是文字创制以来的各种书籍，无论经史子集、百家之书，还是天文、地志、阴阳、医卜、僧道、技艺之言，都要详备地收集进来，不要担心字数太多、书籍浩繁！"第二年，书籍编纂完成，初名《文献大成》。明成祖审阅后，不满地说："编纂的内容很不完备。"他要求大规模扩充，一定要集合一个时代的文人，创造永乐新朝的文化盛举。

文化盛举

永乐三年（1405年），明成祖再次任命姚广孝、解缙等人为监修官，组织学者重修这套书。明成祖在全国范围内征召文士，上至朝中重臣，下至县学生员，最后共征召两千多人，囊括了全国最优秀的读书人参与书籍的编写和清

明永乐年间珐琅华彩盖罐

"两脚书橱"陈济

说到《永乐大典》的编纂，有个人不得不提，这就是陈济。陈济虽然只是一介布衣，但"读书过目成诵"，被称为"两脚书橱"。明成祖听说有这么个人才，就把他请进京师。陈济以布衣身份，被召为《永乐大典》的都总裁，成为制定《永乐大典》凡例的重要人物之一。

抄。永乐五年，书籍编纂完成，总共22877卷，装订成11095册。

《永乐大典》在内容上括尽天下传世的书籍，以类书的形式，尽可能地保持了传世文献的原貌。据后世学者研究，《永乐大典》保存的文献数目应在七八千种之间，全书字数约三亿七千万字，在古代官修书籍中堪称空前绝后。在形式上，《永乐大典》对于装帧、字体都有非常高的要求。书籍单册高一尺五寸六分，宽九寸三分，开本宏大，寓意永乐新朝的威仪和气魄。《永乐大典》用多层宣纸硬裱做成书衣，外包一层黄绢，端庄大气。

明成祖看到《永乐大典》的成品，非常高兴，亲自作序并赐名，给此书镀上了一层皇权的荣光，使其拥有了更多的寓意。参与编修《永乐大典》的普通文人，也享受了莫大的荣耀。有县学生员上言朝廷说："当初因为我楷书写得好，被选入文渊阁，修《永乐大典》。如今书已完成，希望到国子监学习。"这一请求获得批准，众多县学生员一跃进入全国最高学府。

明代青瓷莲花熏炉灯

明永乐年间大报恩寺琉璃塔构件

大报恩寺是明成祖朱棣为纪念明太祖和马皇后而建的，规模极其宏大，为百寺之首。位于大殿后的大报恩寺琉璃塔，通体用琉璃烧制，高78.2米，自建成之日就点燃长明塔灯140盏，昼夜通明，金碧辉煌。

明永乐年间青花执壶

经典散佚

《永乐大典》保存了大量文献典籍，对于国家文化遗产的传承弘扬具有重要作用。由于它规模宏大，“工费浩繁”，修成后未能刊刻，只清抄出一部，先是收藏在南京文渊阁，明朝迁都后存放在北京文楼。

明世宗嘉靖皇帝非常喜爱《永乐大典》，将其作为案头之书，常备一两册，随时翻阅，他还下令将这部书重抄一份。为了以示区别，永乐年间的抄本被称为“正本”，嘉靖年间的抄本被称为“副本”。明世宗去世后，关于《永乐大典》正本的下落，几乎找不到任何记载。有人猜测，明世宗可能将正本陪葬，埋入了永陵地宫。不过也有人认为，正本大约是毁于明朝灭亡之际。

《永乐大典》副本一开始被存放在北京皇史宬，清雍正年间移至翰林院。咸丰十年（1860年）起，副本开始大量散失。光绪二十六年（1900年），八国联军侵入北京，副本大部分被焚毁，未毁者也被劫掠殆尽。宣统年间进行清点时，副本只剩下64册。

中华人民共和国成立后，部分流失海外的《永乐大典》副本书册被归还。据统计，目前存世的副本共有400多册，中国国内收藏有200多册，期待未来能有更多的散册回归祖国。（陈二峰）

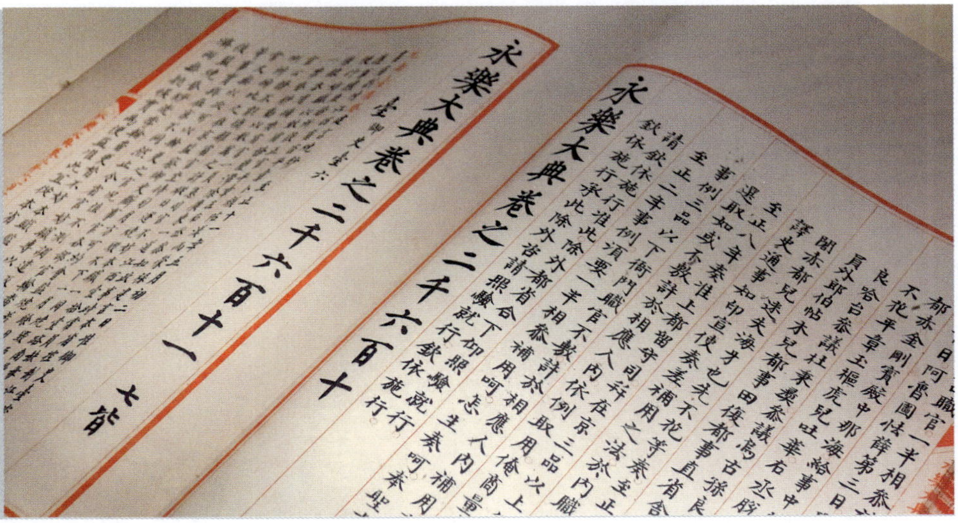

《永乐大典》书影

“第二佛陀”宗喀巴

洪武、永乐年间，宗喀巴大师对西藏藏传佛教进行改革，并创立格鲁派。明清时期，格鲁派逐渐成为藏传佛教的正统，宗喀巴大师的再传弟子中逐渐形成了“达赖”与“班禅”两个世系。

勤奋好学，著书立说

元至正十七年（1357年），宗喀巴出生于湟中（今属青海）。他的本名叫罗桑扎巴，藏语称湟中为“宗喀”，所以他也被称为宗喀巴。

宗喀巴从小就进入寺院学习，在佛学和文化知识方面打下了比较坚实的基础。当时的藏传佛教有许多派别。宗喀巴追随夏琼寺喇嘛（藏传佛教对高僧的尊称）顿珠仁钦学习九年佛法之后，为了进一步深造，十六岁的他离开夏琼寺，前往藏地学法，立志“不学成，一步也不向东走”。此后将近二十年时间里，宗喀巴求学的足迹遍及前后藏的大小寺院，他师从各派有名的高僧，系统学习了藏传佛教各教派的教法。他还广泛涉猎诗歌、文学、天文、历法和医学等方面的知识，为日后形成一整套严密的佛学思想体系奠定了基础。

为宣扬佛法，宗喀巴先后完成了他的两部代表性著作《菩提道次第广论》和《密宗道次第广论》，全面概括了藏传佛教的教义，形成了完整的体系。这两部著作是藏传佛教僧侣进行宗教修行的具体指南，对藏传佛教乃至整个大乘佛教都有着重要意义。除此之外，宗喀巴的很多其他著作在藏传佛教界也广为人知。

宗喀巴鎏金铜像

宗教改革与格鲁派创立

当时一些藏传佛教僧人不守戒律，破坏了藏传佛教的形象，也在一定程度上动摇了信众的信仰。

为了改变这种现象，宗喀巴大力提倡遵守戒律。原本藏传佛教僧侣都戴红帽，大约从洪武二十一年（1388年）开始，宗喀巴改戴黄色桃形僧帽。黄帽原是持律者所戴，宗喀巴通过改戴黄帽表示自己严格继承并遵行戒律的决心。从此他的弟子也追随他戴黄帽，后来他所创立的教派也因此被称为“黄帽派”。

永乐七年，宗喀巴在拉萨发起大祈愿法会，参加的各宗派僧人有一万余人，奠定了宗喀巴在藏传佛教界的权威地位。直到今天，大祈愿法会依然是藏传佛教界的重要宗教活动，于每年藏历正月初三至二十四在拉萨大昭寺举行。

法会后，宗喀巴在拉萨达孜境内的旺古尔山上建立甘丹寺，正式创立格鲁派，甘丹寺成为格鲁派的祖寺。“格鲁”一词本意为“善规”，格鲁派要求僧人必须恪守本色，严守戒律，不得干预世俗事务，不得娶妻生子，不得纵情酒色，同时也不得参加生产劳动。格鲁派还健全了僧团组织，并首创学位考核制度。

宗喀巴倡导的改革，使格鲁派树立起良好的形象，格鲁派逐渐发展壮大，在明清时期受到中央政府的倚重，被视为藏传佛教的正统，至今也仍是藏传佛教中影响力最大的教派。作为一代宗师，宗喀巴被后人誉为释迦牟尼之后的“第二佛陀”，在藏传佛教界享有崇高的威望。

宗喀巴唐卡

宗喀巴弟子释迦也失唐卡

师徒传承，影响深远

永乐六年，明成祖遣使入藏，邀请宗喀巴赴京，宗喀巴以年老多病为由婉言谢绝，但是上书表达自己愿意忠顺朝廷，希望能够原谅自己不能赴京一事。

永乐十一年，明成祖再次召请宗喀巴赴京，宗喀巴令大弟子释迦也失代表自己应诏前往。第二年，释迦也失抵达南京，朝谒明成祖，大大加强了西藏地方与中央政府的关系。宣德四年（1429

西藏拉萨大昭寺

大昭寺是西藏最古老的佛教庙宇，始建于公元7世纪松赞干布统治时期，在宗喀巴和五世达赖时期进行过大规模扩建，融合了藏、汉、尼泊尔、印度的建筑风格，规模宏伟，装饰华丽，所藏文物甚多。为全国重点文物保护单位，并与布达拉宫、罗布林卡一起被列入《世界遗产名录》。

甘丹寺

甘丹寺又称“噶勒丹寺”，位于西藏拉萨达孜区，永乐七年由格鲁派创始人宗喀巴主持兴建，是藏传佛教格鲁派六大寺之一，也是格鲁派的第一座寺庙。甘丹寺内分绛孜、夏孜两大经学院，规模庞大，建筑壮丽，保存了大量古代文物，是全国重点文物保护单位，与哲蚌寺、色拉寺合称拉萨三大寺。

甘丹寺

哲蚌寺

色拉寺

年），释迦也失在弟子的陪同下，再次进京，觐见明宣宗。

宗喀巴一生培养出了大量弟子，其中最著名的有八个，格鲁派的影响力因而得以不断传承。因为寺院是藏传佛教传播教法和进行宗教实践的核心地点，宗喀巴的弟子很重视寺院的修建。永乐十四年建的哲蚌寺，永乐十七年建的色拉寺，正统十二年（1447年）建的后藏扎什伦布寺等，都成为格鲁派的重要寺院。

在宗喀巴师徒的努力下，格鲁派逐渐成为戒律严格、人数最多、规模最大的藏传佛教教派，其影响力不仅遍及今西藏，同时还延伸至今青海、甘肃、四川、云南等地。多年后，宗喀巴的再传弟子中逐渐形成了“达赖”与“班禅”两个世系。

“达赖”与“班禅”

“达赖”与“班禅”是藏传佛教格鲁派地位最高的两大活佛。“达赖”的由来可以追溯到万历六年（1578年），当时蒙古土默特部首领俺答汗与藏传佛教格鲁派首领索南嘉措在青海会面，俺答汗尊索南嘉措为“达赖喇嘛”，称赞他是在佛教方面获得最高成就、学识渊博犹如大海一样的上师。“达赖”为蒙古语音译，意为“大海”；“喇嘛”为藏语音译，意为“上师”。从此藏传佛教格鲁派有了达赖喇嘛的称号，索南嘉措的活佛转世系统就被称为达赖喇嘛活佛世系。

索南嘉措被格鲁派僧众认为是三世达赖喇嘛，宗喀巴的弟子根敦朱巴被追认为一世达赖喇嘛，根敦嘉措被追认为二世达赖喇嘛。清顺治十年（1653年），顺治帝册封五世达赖喇嘛阿旺罗桑

五世达赖喇嘛觐见顺治帝场景图

嘉措为“西天大善自在佛所领天下释教普通瓦赤喇怛喇达赖喇嘛”，正式确立了达赖喇嘛的宗教地位和名号。以后历世达赖喇嘛转世确认，必经中央政府册封批准，成为定制。

“班禅”的由来可追溯到顺治二年，当时和硕特蒙古固始汗征服藏地后，仿照俺答汗尊索南嘉措名号之例，赠格鲁派首领罗桑却吉坚赞“班禅博克多”（意思是睿智英武者）的尊号，并把日喀则周围不少地方划归他管辖，作为僧众的供养。

康熙五十二年，康熙帝正式册封五世班禅罗桑意希为“班禅额尔德尼”，并赐金册金印，正式确定了班禅额尔德尼的地位。以后历世班禅额尔德尼转世确认，必经中央政府册封批准，成为定制。（杨力源）

土木堡之变

明成祖之后的仁宗、宣宗两朝，被后世称为“仁宣之治”。明宣宗死后，太子朱祁镇继位，是为明英宗。明英宗御驾亲征，北伐瓦剌。明军在土木堡（今河北怀来东）遭遇瓦剌军袭击，明英宗惨败被俘。土木堡之变成为明朝历史的一个转折点，对明朝政局产生了重大且深远的影响。

也先南侵

明英宗在位时，蒙古草原上的瓦剌部落颇为强盛。瓦剌太师也先利用明朝“薄来厚往”的朝贡政策，贪图厚赏，不断扩大朝贡人数和规模。明朝稍不顺从他们的意愿，他们就在边地制造事端。

正统十一年（1446年），也先攻击兀良哈部，同时派遣使臣向明朝请求粮食作为军资。明朝消极拒绝了也先的请求，却没有意识到北方边地的防御漏洞大开。正统十二年之后，也先逐渐控制了兀良哈等部。此时明朝山西边地已经压制不住瓦剌骑兵，北京北面残破的寨堡，如独石、永宁等处，也毫无防卫能力，瓦剌骑兵可以从兀良哈部属地长驱直入，直逼北京。

正统十四年二月，也先再次蓄意制造事端，派出两千多人进贡马匹，却诈称三千人，想向明朝多要封赏。明朝掌权宦官王振知情后加以驳斥，

金山岭长城

土木堡之变前，明朝主要在旧长城的基础上进行修复连接，在战略要地加修边墙堡垒。土木堡之变后，九边各镇长城开始大规模修筑，直到明朝末年。图中的金山岭长城始建于明初，名将戚继光镇守蓟州时，曾对这段长城进行修筑与加固。

瓦剌使臣担心受到责罚，便诡称马匹是“和亲聘礼”。明朝对瓦剌的所谓“聘礼”不予认可，双方因此反目。七月，也先率领蒙古各部大举南侵，明蒙战火点燃。

> **明长城**
>
> 万里长城是举世闻名的建筑奇迹，我们今天所见的长城，主要是明朝修建的。为了防御北方蒙古势力的侵扰，明朝先后十八次修筑长城，形成了东起鸭绿江边、西至嘉峪关，总长万余里的宏大工程。明长城主要由砖石砌筑，十分坚固，分为城墙、关隘、城台、烽火台等部分。它既是规模宏大的防御设施，也是中原农耕民族和北方游牧民族的贸易交往纽带。

明英宗被俘

明英宗非常信任王振，当得知也先大兵压境时，他听从王振的建议，决定亲征。吏部尚书王直劝阻道：“将士用命，必可图胜，陛下不必亲征。”他跪地苦苦恳求，但明英宗不听。明英宗出征时带上了朝廷大半主要官员，从征的勋戚大臣都跃跃欲试，似乎胜利唾手可得。

正统十四年七月十七，明英宗下令出征，第二天便出了居庸关。但这次皇帝率数十万大军亲征，明军没有做好充分准备就仓促出发，军队布置及后勤保障都不到位。在失去兀良哈部的策应之后，明军只能直面也先的蒙古铁骑。

出关之后的连日风雨，让明军行军异常艰难。刚到宣府，很多随驾官员就不愿再往前走，甚至有大臣建议明英宗停下休息。王振大怒，让他们全部上战场助阵。

八月初一，明军进驻大同，前军惨败。此时，明朝君臣突然领悟到战争是输不起的。虽然明军号称五十万，但真正的战卒并不多。镇守大同的太监郭敬也秘密向王振汇报说，北进决不可行，也先诈

退，实为诱敌深入，于是王振萌发撤退之意。

第二天，王振突然下令班师回京，明军主力在没有重大损失的情况下仓皇撤退。明军本来打算原路返回，但王振想让明英宗退兵时“临幸”他的家乡蔚州（治今河北蔚县），给他长长威风，于是指挥大军朝蔚州进发。队伍走到半路，王振又担心大军踩踏了家乡的庄稼，便临时改主意说不要去了。就这样，回京路线改来改去，一再拖延，军队疲惫不堪。

明军撤至宣府，成国公朱勇率领三万骑兵殿后。八月十三，朱勇到达鹞儿岭，也先提前设伏，前后夹攻，将明军骑兵杀掠殆尽。当天，十余万明军撤退至土木堡，进退两难。

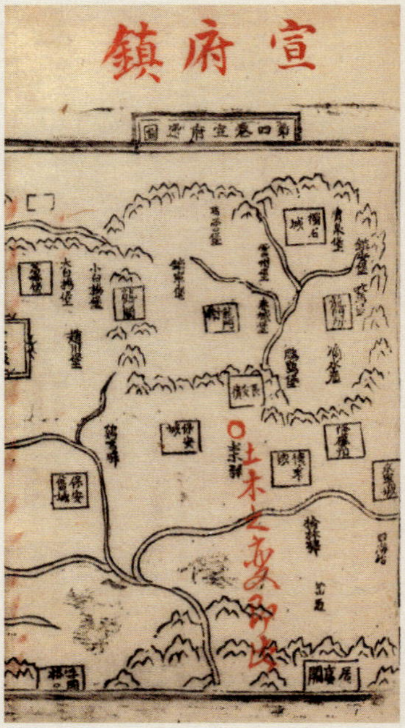

明人标注的土木堡之变发生地

此图出自明代魏焕《皇明九边考》。明朝为防御游牧部族侵扰，在北方设置九个军事重镇——辽东、宣府、大同、延绥（榆林）、宁夏、甘肃、蓟州、太原（山西）、固原，合称“九边”。如图所示，土木堡属于宣府镇。

从兀良哈属地南下的瓦剌知院阿剌试图阻断明军退路，明朝兵部尚书邝埜（yě）向王振建议，请求明英宗车驾快速驶入居庸关，甚至不惜用全军作为后卫。王振不肯，邝埜又到明英宗营帐力请，王振大怒：“腐儒知道什么兵家大事！再妄言必死！”把邝埜轰了出去。两人争执之际，明英宗先行脱险的时机已经错失。也先大部队赶到，将土木堡团团围困。

八月十五，也先诈称议和，明英宗轻信。已经缺水两三天的明军听说议和的消息，顿时放下心来，纷纷去找水源、寻草料，离开了原来的防御据点。王振见势不好，急忙传令让他们返回，但无人肯听。回旋之间，明军阵形大乱，向南行军不到三四里，也先率骑兵重返，四面发起围攻。又饥又渴、心理松懈的明军几乎毫无反抗之力，只能任人屠戮。

等到尘埃落定，数十万明军、数百名文武官员都死于乱军之中，王振也在战乱之中丧命。而至关重要的明英宗，乘马突围失败，亲兵全部战死，他本人被瓦剌军俘获。

明英宗画像

独锦衣卫堂上官，大红蟒衣，飞鱼，乌纱帽，鸾带，佩绣春刀。
——《明史·舆服志》

北京保卫战

明英宗被俘的消息传到北京，朝廷顿时陷于慌乱之中。皇太后孙氏和皇后钱氏将宫中的宝物尽数送到也先军营，请求赎回明英宗。结果，也先狮子大开口，却不肯放还明英宗。皇太后无奈，只得命明英宗的弟弟朱祁钰监国，同时急召外廷官员商议对策。

当时有许多大臣提议迁都南逃，兵部左侍郎于谦坚决反对。廷议之后，朱祁钰下令“敢言迁者斩”，随后他一方面命令加强北京军备，另一方面小心整肃混乱的朝廷。于谦请朱祁钰下令调集京卫，收拢散兵，同时命天下兵马北上勤王。从土木堡溃散回来的石亨等将领骁勇善战，也被于谦委以重任，保卫北京的军事力量被迅速调动起来。

政治方面的危机和应对，必须依靠朱祁钰决断。于谦主张明英宗承担国难罪责，要求朱祁钰称帝，以断绝也先的政治讹诈。然而这一行为的政治风险是巨大的，朱祁钰不敢承担。

在朱祁钰犹豫之际，群臣激愤，跪地不起，要求诛杀王振全族。此时，王振的党羽、锦衣卫指挥使马顺站出来斥退群臣。众人本来就对王振专权误国怒不可遏，马顺这下更是火上浇油，有人突然高喊：“马顺是王振奸党！”然后带头上前殴打马顺。群臣一哄而上，当场把马顺打死在朝堂之上。朱祁钰见状，吓得想要起身离去。于谦上前抓住朱祁钰的袖袍，说众人并无他意。朱祁钰情绪稳定后宣布众人无罪，王振祸国，王振一党死有余辜，拨乱反正的政治行动由此开启。

随后，于谦领导的北京保卫战打响。战斗十分激烈，双方各有胜负。明军背靠都城，拼死奋战，胜利的天平逐渐向明朝倾斜，最后也先被迫停战北撤。直到景泰元年（1450年）八月，明英宗被送还北京，土木堡之变才算最终落下帷幕。（陈二峰）

明代锦衣卫飞鱼服与锦衣卫指挥使牙牌

锦衣卫

明太祖为了强化皇权，监视官民，于洪武十五年（1382年）设置锦衣卫，直属皇帝指挥。锦衣卫原为护卫皇宫的亲军，掌管皇帝出入仪仗，明太祖特令其兼管刑狱，赋予巡察缉捕的权力。锦衣卫最高长官为指挥使，土木堡之变后被群臣打死的马顺担任的就是这一职务。

后来，明朝又成立了东厂、西厂，与锦衣卫合称“厂卫”，成为皇帝的耳目和爪牙。

忠肝义胆的于谦

瓦剌太师也先以土木堡之变中俘虏的明英宗要挟明朝，于谦主张“社稷为重，君为轻”，支持另立明代宗，并指挥打赢了京师保卫战。也先无隙可乘，被迫释放明英宗。后来明英宗发动夺门之变并成功复位，于谦被冤杀。

救时能臣

于谦年轻时仕途顺利，永乐十九年（1421年）中进士后，先升为监察御史，后又巡按江西，政绩斐然。他升任兵部右侍郎时，年仅三十三岁。

宣德五年（1430年），于谦以兵部右侍郎的身份巡抚河南、山西，总督粮储。身为封疆大吏的于谦始终坚持为民为国的初衷，他写下《无题》诗表明自己的心迹：“解印归柴桑，清风满天地。”“名节重泰山，利欲轻鸿毛。”

于谦在巡抚任上一干就是十八年，对民生疾苦了解深刻。河南在宣德、正统年间几乎无年不受灾，以往官员为了自己的政绩和升迁，往往隐瞒不报。于谦不顾身家，有灾必报，奏免的征粮数十万石，惠及全省，前后招抚流民数十万户。

翼护大明

正统十三年（1448年），于谦被召为兵部左侍郎。次年，明英宗朱祁镇北征瓦剌，留于谦暂理兵部事务。不久，明英宗在土木堡被俘，明军精锐死伤殆尽，留守北京的文武官员慌乱不已。于谦以兵部尚书的身份主持大局，成为朝廷内外的依靠。

当时明英宗的弟弟朱祁钰被推为监国，但朝臣没有几个人真正把朱祁钰放在眼里，多亏于谦镇住群臣。在商讨如何应对瓦剌入侵时，群臣互相指责，朝堂上吵成一锅粥，甚至大打出手。朱祁钰多次想起身离去，都被于谦强阻下来，终于强撑着稳定了朝局。

于谦又急令通州打开粮仓，让在京官员预支月粮以稳定人心。同时，他还大力整顿军务，准备保卫京师。当时军中只有杨洪、石亨堪称骁勇，

可惜杨洪年事已高，而石亨又因土木堡战败面临问责。于谦力排众议，以石亨为主将，统一指挥京师军务。朝廷又派官员出巡河南、山东等要地，命各地招兵勤王。于谦自己则身披甲胄，领兵在德胜门外扎营，以示同全军共存亡。他还下令：开战后，将领撤退的，斩将领；士兵撤退的，后队斩前队。

石亨收拢败兵及援军，加上留守北京的军队，共有二十二万。明军列阵京师九门之外，与也先的瓦剌大军展开激战。石亨和侄子石彪一马当先，突入敌军，勇不可当，多次大败瓦剌军队。神机营都督范广率众用飞枪、火箭攻击，也取得了出色的杀敌战果。

胜利的天平逐渐向明朝倾斜，也先逐渐清醒，

临阵将不顾军先退者，斩其将；军不顾将先退者，后队斩前队。

——［明］于谦

放弃了恢复元朝统治的美梦。他多次派使者乞和，急切地想将明英宗送回，以消除于谦挥师北伐的意图。此时，朱祁钰已被于谦等大臣拥立即位，是为明代宗，第二年改元景泰。景泰元年（1450年）八月，明英宗被迎回北京，称“太上皇”，被软禁在南宫。

夺门之变与于谦之死

石亨在京师保卫战中立下功勋，受封侯爵，

于谦画像

他感念于谦的知遇之恩，向朝廷请求授予于谦的儿子于冕官职，却遭到清正廉洁的于谦斥责。石亨意识到于谦无意成为权臣，一心只想做忠臣。然而忠臣孤立，石亨并不愿意追随于谦，于是开始招权纳贿，培植私党。

明英宗回到北京之后，成为明代宗的一块“心病”。后来明代宗病重，没有合法的继承人。明代宗是否有意让“太上皇”明英宗复位不得而知，但从亲缘关系上看，明英宗之子、废太子朱见深继承皇位的可能性很大。一旦新君即位，必用新人，于谦一手提拔的旧臣就可能会被贬出朝堂。眷恋权位的石亨不愿失去荣华富贵，于是私下勾结宦官，蓄谋发动宫廷政变。

于谦对石亨的阴谋有所察觉，但他并没有意识到危险已经来临，也没有意识到石亨等人会把他的性命作为“投名状”，献给明英宗。明代宗病危之时，石亨等人打开圈禁明英宗的南宫大门，迎接明英宗复位，史称“夺门之变”。

石灰吟

［明］于谦

千锤万凿出深山，烈火焚烧若等闲。
粉骨碎身浑不怕，要留清白在人间。

明宣德年间铜胎掐丝珐琅缠枝莲纹朝冠耳三足鼎式炉

景泰蓝学名铜胎掐丝珐琅，是金属胎嵌搪瓷工艺的一个衍生品种。因这种工艺品在明朝景泰年间盛行，工艺精湛，并以蓝釉最为出色，所以得名“景泰蓝”。

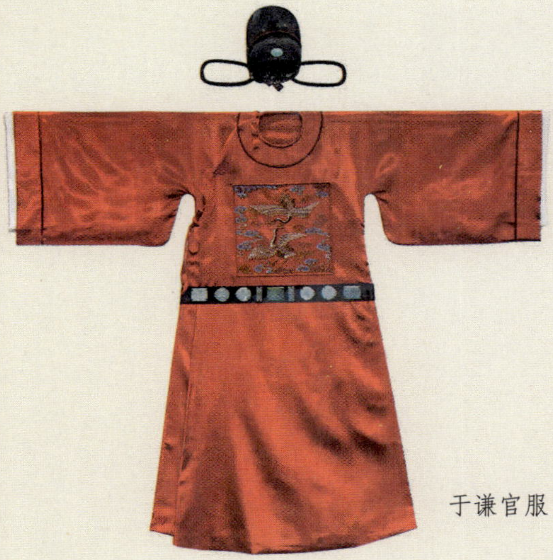

于谦官服

夺门之变发生时，宫中人声嘈杂，病重的明代宗惊恐地问："是于谦吗？是于谦发动宫变吗？"有人回复说："是太上皇复位了。"明代宗大概没有想到哥哥能够重登皇位，只是说："哥哥做皇帝，好，好。"一个月后，明代宗在西苑崩逝。

明英宗复位当天就下令逮捕于谦，几天之后以谋逆罪将他处死。在权力的博弈中，明英宗终于找回了一点颜面，用于谦的鲜血写下了自己的新年号——天顺。

天下鸣冤

下令处死于谦之前，明英宗曾犹豫说："于谦有功啊。"参与夺门之变的"智囊"徐有贞（即徐珵）说："不杀于谦，夺门之变便师出无名。"

帝王是不能容忍臣子藐视皇权的，哪怕是为了天下苍生。面对瓦剌入侵，于谦不顾被俘的明英宗，主张拥立新君，以对抗瓦剌大军。事实证明，于谦的主张是正确的，利国利民，然而这对明英宗的伤害是确凿无疑的。在明英宗被送回北京时，其他人还有所顾虑，而于谦则自信满满，认为皇位已定，明英宗回京也翻不起浪花来。

明英宗的母亲孙太后了解于谦忠心为国，若非于谦一力支撑，明朝社稷倾覆近在眼前。孙太后听说于谦被杀，非常伤心，好几天叹息不止。明英宗在杀掉于谦之后，也是颇有悔意。

公道自在人心，于谦身死，天下无不称冤。开封百姓顶着政治压力，纷纷前往城西巡抚衙门原址祭拜。明英宗复位之后当了八年皇帝，在天顺八年（1464年）去世。继位的明宪宗下令为于谦平反，恢复他生前的荣誉和官职。弘治年间，朝廷给于谦赠谥"肃愍"，万历年间又改谥"忠肃"，正式承认于谦为忠臣表率。（陈二峰）

于谦祠墓

于谦墓位于杭州西湖区三台山下，始建于天顺三年（1459年）。墓左前侧的于谦祠建于弘治三年（1490年），形成祠墓合一的格局。2006年，于谦墓被列为全国重点文物保护单位。

北京也有于谦祠，位于东城区裱褙胡同23号，始建于万历二十三年（1595年）。祠堂前殿辟为序厅，殿门两侧楹联为清代名臣林则徐所撰："公论久而后定，何处更得此人。"

杭州西湖于谦祠牌坊

蒯祥与紫禁城

蒯（kuǎi）祥出身吴县（今江苏苏州）香山派木匠世家，他技艺高超，善于创新，是明代著名建筑匠师。自从明成祖迁都北京，在北京建造规模宏大的紫禁城以来，蒯祥就成为最被倚重的建筑师，他的名字与紫禁城的修建紧密联系在一起。

青年木匠设计建造承天门

香山位于太湖之滨，自古就以建筑人才辈出而闻名，形成了著名的“香山派”。洪武三十一年（1398年），蒯祥出生于吴县的一个香山派木匠世家，他的父亲是一名技术熟练、经验丰富的木匠，在当地很有名望，曾被推为木工头领“木工首”，据说还参与过明朝南京宫殿的设计与建造。

蒯祥从小深受父亲影响，对木工有浓厚兴趣。他勤奋学习，刻苦钻研，年轻的时候就能以目测量，准确无误。经过多年的勘测设计，蒯祥逐渐成长为一名颇有造诣的能工巧匠。据记载，他曾以双手握笔同时画龙，画好后摆在一起看，两条龙居然一模一样，其技艺之高超，令人赞叹。

明成祖登基后不久，便计划迁都北京。他从全国各地征召工匠到北京修建宫殿、寺庙，营造都城，年轻的蒯祥被委派负责设计和组织紫禁城正门承天门的修建工作。这项工程于永乐十五年（1417年）开始，永乐十九年竣工。承天门就是天安门的前身，其城楼形状与今天的天安门大致相仿，但规模较小。承天门建成之后，蒯祥受到文武百官交口称赞，明成祖龙颜大悦，称他为“蒯鲁班”。

天安门

天安门的前身——承天门

承天门是明清时期北京皇城的正门，始建于永乐十五年，称“承天门”，寓意皇帝“受命于天”。清顺治八年（1651年）重修，更名为“天安门”，形成了现在天安门的规模。

1949年10月1日，中华人民共和国开国大典在天安门城楼举行。

北京故宫的“金刚腿”

据说北京的宫殿刚刚开始营建时，缅甸国王向明朝进贡了一块木料。这块木料异常珍贵，光运送的队伍就有一百多人，千里迢迢从缅甸运到北京，殊为不易。明成祖收到木料之后，下令将其做成大殿的门槛。谁知，越紧张越容易出错，一个木匠在锯这块木料的时候搞错了尺寸，把木料锯得比要求的长度整整短了一尺。

这个木匠发觉自己锯错后，顿时吓得脸色苍白，瑟瑟发抖地向蒯祥报告。蒯祥看过之后，二话不说，让木匠把那块木料再锯去一尺。大伙儿一听都很惊愕，这样不就更短了吗?

在大家疑惑的目光中，蒯祥把锯下来的两块木料雕琢成了两个栩栩如生的龙头，再在龙头上各镶了一颗珠子，安装在门槛的两端。如此一来，木料不但没浪费，反而有了新意，使得门槛可以自由拆卸。

明成祖看了这个门槛，十分高兴，对蒯祥的创新大加赞赏。这就是俗称“金刚腿”的活门槛的由来。

北京故宫

北京故宫，旧称紫禁城，是中国明清两代的皇家宫殿，位于北京城中轴线上。占地面积72万平方米，建筑面积约15万平方米。始建于明永乐年间，后经多次重修和改建，但仍保持原有规模。四角有角楼，南面正中为午门，主要建筑包括外朝三大殿与内廷宫殿。北京故宫是中国现存规模最大、保存最完整的古建筑群。

故宫里的门

重建三大殿，参与十三陵建造

紫禁城修好后，明成祖于永乐十九年正式迁都北京。正统年间，蒯祥负责重建了紫禁城最主要的三大殿——奉天殿、华盖殿和谨身殿（今故宫太和殿、中和殿、保和殿三大殿的前身）。完工之后，三大殿庄严肃穆、气势巍峨，充分展现了蒯祥高超的技艺水平和非凡的指挥才能。明英宗非常高兴，宣布大赦天下。

除了建造宫殿，蒯祥还参与了皇家陵寝的建设：永乐年间负责建造长陵，洪熙元年（1425年）建献陵，天顺八年（1464年）建裕陵。主持裕陵建造时，蒯祥已是六十六岁高龄，但他还是亲自到现场，不辞辛劳地进行测量、规划和督工。

由于营建有功，蒯祥从一名普通的工匠被一步步提升，最后成为专管营建的工部左侍郎。蒯祥去世后，葬于苏州故乡，他的名字和北京、紫禁城紧紧地联系在一起，载入史册，流芳百世。人们为了纪念他，将他在北京居住过的一条胡同称作蒯侍郎胡同。（袁碧荣）

明十三陵大宫门

明十三陵是全国重点文物保护单位，位于北京昌平区天寿山南麓，为明成祖到明思宗十三个皇帝的陵墓。大宫门是十三陵总神道的入口，文武官员均须在此门前下马。

[明] 朱邦《北京宫城图》

此图收藏于大英博物馆，图中的紫禁城祥云缭绕，承天门前有一人身穿红衣，站在金水桥旁，据说他就是蒯祥。

杨一清计除宦官刘瑾

自明英宗时期的王振开始，明朝出现了好几个权倾朝野的大宦官，明武宗时期的刘瑾就是其中之一。大学士杨一清尽忠朝廷，在边塞屡立战功，但因不肯与刘瑾同流合污，被诬下狱。死里逃生的杨一清与宦官张永联手，用计智除刘瑾，匡扶朝政。

刘瑾专权

刘瑾本姓谈，出生于陕西兴平的一户贫苦人家。他幼年时便入宫做了宦官，投靠在一个姓刘的太监名下，于是改姓刘。刘瑾刚进宫时，只是乾清宫里一个普通的杂役，后被引荐到东宫，侍奉明孝宗的太子朱厚照。他处处小心，时时留意，想方设法哄朱厚照开心，逐渐得到朱厚照的信任和依赖。

> **内阁**
>
> 明太祖为了强化皇权，撤销中书省，废除宰相制度，设立华盖殿、武英殿、文渊阁等大学士，协助皇帝处理政务。明成祖在位时，命解缙、杨荣等进入文渊阁办事，因办公地点位于内廷，因此得名“内阁”。首席内阁大学士称首辅，有些首辅权力很大，被比作宰相。本文中与刘瑾斗争的刘健、李东阳、杨一清，都曾担任内阁首辅。清朝建立后，内阁职权逐渐降低。

弘治十八年（1505年）五月，明孝宗突然染病去世，太子朱厚照继承皇位，是为明武宗。刚即位的明武宗年仅十五岁，童心未泯，非常贪玩，刘瑾便投其所好，时常进献飞鹰、猎犬、歌伎，还偷偷带明武宗微服出宫游玩。刘瑾博得了明武宗的欢心，很快便被提拔为内官监太监，并总督团营，负责京城内的治安。

刘瑾为了扩大自己的势力，倚仗明武宗的宠爱，拒绝执行明孝宗临终时提出的撤销提督军营的监枪太监和各城门监局的命令，又奏请设立三十多处皇庄（皇室直接经营的庄田），供明武宗挥霍。

明孝宗画像

明孝宗朱祐樘是明朝中期比较有作为的一位皇帝。他在位时推行了一系列措施，整顿吏治、减轻赋税、节约开支、裁定律法、重整兵备，明朝的社会经济得到了一定程度的恢复和发展，史称“弘治中兴”。

大臣们见明武宗日益放纵，不理朝政，对刘瑾等人的所作所为极为不满，大学士刘健、谢迁、李东阳等人纷纷向明武宗进谏，请求处死刘瑾等人。刘瑾得到消息后，在明武宗面前声泪俱下地哭诉。年少的明武宗不但不听大臣们的良言劝谏，反而提升刘瑾掌管司礼监，又让刘瑾的两个同党分别掌管东厂、西厂。

经过这次风波，刘瑾更是稳操大权，越发专横跋扈。他采取各种手段排除异己，将参与弹劾自己的人借故革职，甚至派人追杀。兵部主事王守仁见刘瑾不择手段陷害忠良，愤然上书，痛斥刘瑾误国欺君、为非作歹，结果被贬到贵州龙场驿做驿丞。正德二年（1507年）三月，为震慑百官，刘瑾假借明武宗的名义发布诏书，将刘健、谢迁等五十三人定为“奸党”，张榜公示，以打击上书的言官。

正德三年，御道上出现了一封揭发刘瑾种种罪行的匿名信，明武宗将此信交到刘瑾手中。刘瑾恼羞成怒，为了追查匿名信的来历，他命令满朝文武三百多人跪在奉先门外。当时正值盛夏，骄阳似火，刘瑾却不允许这些官员喝水，一些年老体衰的大臣因中暑晕倒。大臣们一直跪到天黑，刘瑾也没有查出蛛丝马迹，于是命锦衣卫将他们全部抓入大牢。后来刘瑾查出这封匿名信来自宦官内部，这才把大臣们释放，从此更没有人敢对刘瑾的荒唐举动提半点异议。

北京故宫御花园千秋亭藻井

刘瑾在排除异己的同时，又极力扶植自己的势力。他把心腹焦芳引入内阁，又将其他党羽安插到六部任职。一些奸猾之徒纷纷投靠刘瑾，借阉党之势青云直上，作威作福。刘瑾还趁机敲诈勒索，收受贿赂。凡是地方官到北京朝觐或京官出差回京，都要给他进献厚礼。有官员因为没钱给刘瑾送礼，居然被逼得走投无路，自杀身亡。

明武宗画像

明武宗是明孝宗与张皇后的嫡长子，也是明孝宗唯一长大成人的儿子。他从小在宦官陪伴下长大，在位期间，宦官势力日渐增长，后世对其评价争议很大。

杨一清设下妙计

刘瑾的独断专行、贪得无厌、为非作歹，不仅使朝中一批正直官员深恶痛绝，也让地方官员和百姓颇有怨言。正德五年初，刘瑾以丈量土地为名，派爪牙去宁夏增征税额，弄得当地军民怨声载道。安化王朱寘𫔖（zhì fán）利用军民愤怒，散布大量揭露刘瑾罪行的檄文、告示，并以“清

（杨一清）博学善权变，尤晓畅边事……其才一时无两，或比之姚崇云。
——《明史》

君侧”为名，趁机发动兵变，矛头直指刘瑾。

为镇压兵变，明武宗派右都御史杨一清为总督，太监张永为监军，率兵前去讨伐。巧合的是，这两人都与刘瑾有仇怨。

杨一清祖籍云南安宁，成化八年（1472年）考中进士。弘治十五年（1502年），杨一清升任都察院左副都御史，督理陕西马政。弘治十七年，鞑靼大军入侵河套地区，明孝宗命杨一清为陕西巡抚，兼理马政。在杨一清的精心防御下，鞑靼大军退去。第二年，杨一清升为右都御史，总管陕西延绥、宁夏、甘肃三镇兵务。

李东阳画像

李东阳在正德年间任礼部尚书、文渊阁大学士，为内阁首辅，文坛领袖。

正德初年，杨一清向朝廷奏请修筑边墙，以抵御鞑靼大军南下。明武宗同意了杨一清的建议，并拨银数十万两用于修筑工程。但就在此时，刘瑾忌恨杨一清没有依附自己，处处刁难，边墙仅修筑了四十余里，就弹劾他冒领军费，将他逮捕，关进锦衣卫监狱。幸得李东阳等人的极力营救，杨一清才得以出狱，但他也因此被罢官，并被罚俸六百石。

乾清宫江山社稷金殿

乾清宫始建于永乐十八年（1420年），是明清两代皇帝的寝宫，以及日常处理政务的地点。乾清宫东西两侧各有一座通体鎏金的小建筑，东侧的叫江山金殿，西侧的叫社稷金殿，合称“江山社稷金殿”。

监军太监张永十岁就被选入宫，在乾清宫侍奉明宪宗。成化二十三年，明宪宗去世，明孝宗安排张永到茂陵负责烧香。弘治九年，张永被调到东宫侍奉太子朱厚照。明武宗即位后不久，张永升为御用监太监。他原来是刘瑾的党羽，后来因不满刘瑾的所作所为，两人逐渐有了矛盾。于是刘瑾在明武宗面前挑唆，要把张永赶到南京，不准他再入宫。张永知道后，对明武宗说刘瑾陷害自己。虽然在明武宗的调和下两人握手言和，但他们的矛盾并没有得到缓解，反而日渐加深。

此时安化王叛乱，明武宗重新起用杨一清，让他官复原职。然而，这场叛乱只持续了十八天，就被宁夏的将领平定了。在返京途中，杨一清得知张永与刘瑾积怨甚深，便想借张永之手除掉刘瑾。一天，两人谈论起安化王的檄文，杨一清故意长吁短叹，对张永说道：“这次多亏了您才将藩乱平息，然而，除掉一个藩王不难，要除掉朝廷内部的祸患，谈何容易？”张永诧异地问道：“此话怎讲？”杨一清靠近张永，在他的手掌上写了个“瑾”字。

张永会意，为难地说：“这人深得皇上宠幸，况且现在他的羽翼已丰，耳目众多，难以下手啊。”杨一清说：“您也是皇上的亲信近臣啊！这次出兵，皇上未派别人而派您，足以说明您在皇上心目中的地位。您何不借这次功成奏捷之时，向皇上单独奏报宁夏的军事，并趁机揭发刘瑾的罪恶？皇上英明果断，必定会相信您的话而诛杀刘瑾。”

张永深思了许久，说道：“万一此事不成，怎么办？”杨一清回答道：“如果皇上不信您的话，您就痛哭流涕，以表明忠心，皇上必定相信。一旦看到皇上有诛杀刘瑾的意思，一定要立即行动，以免走漏风声。”张永本来心中就对刘瑾非常不满，经杨一清这么一怂恿，决定按照杨一清的计谋除掉刘瑾。

三南居士

自幼被称为“奇童”的杨一清，在五十余年的仕途中，历经成化、弘治、正德、嘉靖四朝，三次出任督抚，两度出入内阁，可谓外则为将，内则为相，名重一时。杨一清生于云南安宁，长于湖南巴陵，老于江南镇江，因此晚年自号“三南居士”。

杨一清画像

刘瑾伏诛

张永回京后，准备在八月十五中秋节那天举行献俘仪式。刘瑾传旨说要往后推迟几天，张永怕出现变故，决定立即行动，提前将安化王押解到北京，并将献俘日期改为八月十四。

献俘完毕，明武宗设宴犒劳张永等人，并让刘瑾作陪。夜阑酒酣，刘瑾离席回到司礼监值房，张永趁此机会让明武宗看了安化王揭露刘瑾罪行的檄文，并控诉刘瑾所犯下的种种罪状。明武宗此时喝得有几分醉意，点头说道：“这奴才真是不知好歹！”张永连忙答道：“皇上，千万不能耽误啊！这是生死攸关的大事呀！”明武宗听后，心中顿时没了分寸，即刻命四个随从到司礼监值房把刘瑾抓了起来，关在东华门内的菜厂，又派人去查封刘瑾的私宅。

第二天，明武宗把张永的奏疏出示给朝臣，并将刘瑾降职为奉御，贬到凤阳居住。张永见明武宗并没有处死刘瑾的意思，便鼓动明武宗亲自驾临刘瑾的私宅。明武宗从刘瑾家中抄出黄金二十四万锭、银元宝五百万锭，其他珠宝玉器不计其数，同时还抄出了龙袍玉带、盔甲武器。他大吃一惊，当即下令将刘瑾凌迟处死。刘瑾的党羽也陆续落网，有的死在大牢里，有的被革职问罪。一度权倾朝野的大宦官刘瑾，就此彻底倒台。（杜明鑫）

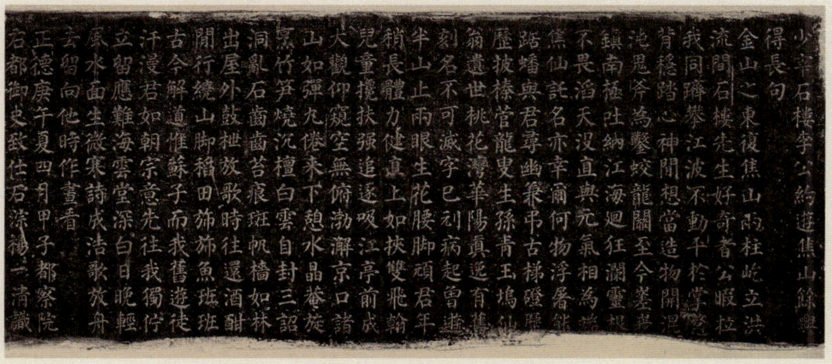

杨一清石刻手迹

杨一清位高权重，但仕途颇为坎坷。他晚年时再次受谗言诬陷，被削职为民，迁到镇江定居。他常去游览焦山，留下不少咏焦山的诗作。焦山碑刻博物馆收藏的这一方杨一清石刻手迹，无论书法还是内容，都堪称精品。

“阳明先生”王守仁

王守仁是明朝中期最具影响力的大思想家，后人习惯称他为王阳明或阳明先生。他文武双全，仕途坎坷，为官期间平定了多起叛乱，思想方面提出了以“致良知”为核心的理论，将心学发展至高峰。

被贬龙场

成化八年（1472年），王守仁出身于浙江余姚一个书香门第。据说他出生的那天晚上，他的祖母梦见天神在云中奏着鼓乐，送来一个孩子，祖父于是为他取名“云”，并将他居住的地方命名为“瑞云楼”。

王守仁画像

王守仁长到五岁的时候，还不会说话。一天，他正在外面与一群孩子玩耍，有个僧人路过，看到王守仁，说：“好个孩儿，可惜道破。”他的祖父听到僧人的话，恍然大悟：原来孩子迟迟不能开口说话，是因为名字泄露了天机。于是，祖父取《论语》中“知及之，仁不能守之，虽得之，必失之”之意，重新给他取名“守仁”。

王守仁十岁时，父亲王华高中状元。王守仁在这样的家庭环境中成长，自然受到了良好的文化熏陶。十一岁时，他跟随祖父去京师探望父亲，途经镇江金山寺，恰逢一些文人在寺中饮酒赋诗，王守仁从容不迫，脱口吟诗一首，举座皆惊。十二岁时，王守仁正式就读私塾。弘治五年（1492年），二十一岁的王守仁第一次参加乡试就中举。其后，他的学业大有长进，但考试却屡屡受挫。落榜两次后，王守仁终于在弘治十二年高中进士。随后，他被安排到工部任职。此后，他先后任刑部云南司主事、兵部武选司主事。

正德元年（1506年）冬，宦官刘瑾专权，有大臣数次进谏，惹恼刘瑾，被逮捕下狱。王守仁带头上疏营救，被廷杖四十，贬到贵州龙场（今贵阳修文）任驿丞，他的父亲王华也被赶出京城，调任南京吏部尚书。

在赴贵州的过程中，王守仁可谓九死一生。行至杭州钱塘时，他发现刘瑾派人前来追杀，情急之下，假装投江才得以逃脱。之后，王守仁上了一艘商船，顺路到了舟山，又换乘别的船只继续前行，想逃往南京。不料遇到台风，船只在海上漂泊一天一夜后被吹到福建。上岸之后，他历经千难万险才到了南京，见到了父亲。王守仁本想留在南京陪伴父亲，父亲却对他说：“既然朝廷任命你，你就有责任在身，还是上任去吧。”于是，他拜别父亲，赶赴贵州龙场。

到了贵州龙场驿，王守仁的处境并未好转。龙场驿处于崇山峻岭之中，蛊毒瘴疠，蛇虫横行，随时可能让人丧命。当地居民大多并非汉族，语言不通，生活极为不便。王守仁初到此地，水土不服，难以适应，但他并没有气馁，而是积极讲学授课，教化百姓，深受当地居民的爱戴。他将寄居的龙场山洞命名为“阳明小洞天”以自娱，后人便称此洞为“阳明洞”。因王守仁早在绍兴会稽山时以“阳明洞天”为自己取号“阳明”，所以后来人们也称他王阳明或阳明先生。

屡次平乱

正德四年，王守仁被任命为庐陵知县。次年八月，刘瑾伏诛。此后，王守仁屡次升迁，正德十一年升任都察院左佥都御史，巡抚南安、赣州、汀州、漳州等地。这几个地方位于各省交界处，地势错综复杂，盗寇横行，还有一些盗寇首领据地称王。王守仁到任后积极训练民兵，先后指挥了几场战役，仅用一年多时间就平定了为患多年的盗寇。他还在当地迅速开展秩序重建工作，请求朝廷减免赋役租税，并大力推行教化。

正德十四年，被封在南昌的宁王朱宸濠发动叛乱。消息传到北京，朝野震惊。当时的王守仁正准备前往福建平定叛乱，得知消息后，连夜返回吉安，募集义兵出兵征讨。王守仁为了拖住宁王，为平叛争取时间，派人到处散布消息，说朝廷已经派出大军，很快就要到达宁王的老巢南昌。随后，他又派人故意怂恿宁王早日挥师东进，宁王怀疑有诈，反而畏首畏尾，不敢轻举妄动。

想当将军的皇帝

正德十五年，明武宗自称“威武大将军”“锦堂老人”，制诗十二首，赐予大学士杨一清。其中，《上马留题》一首写道：“正德英名已播传，南征北剿敢当先。平生威武安天下，永镇江山万万年。”明武宗想去平定宁王之乱，可惜等他赶到时，王守仁早已把宁王押到了南京，请皇上受俘。明武宗十分懊丧，他勉强受降后，又突发奇想，要把宁王放回去再作乱，由自己亲手擒回。

明正德年间阿拉伯文铜香炉

十多天后，宁王见朝廷大军还未到达，知道自己中了王守仁的缓兵之计，不由得气血攻心，破口大骂。他下令留一万名士兵驻守南昌，其余军队直接出发，进攻南京。不料，叛军还未占领安庆，王守仁就率领八万军队攻向南昌。宁王得知自己的老巢即将不保，赶紧下令回援。双方在鄱阳湖相遇，经过三天激战，疲于奔命的叛军终究不敌以逸待劳的平叛大军，宁王战败被俘。

平定宁王之乱，是王守仁一生中最大的军事功绩。然而，由于朝中奸臣作梗，王守仁并没有受到嘉奖，直到正德十六年明武宗去世后，继位的明世宗才对他的军功予以褒奖，封他为新建伯，爵位世袭。

嘉靖元年（1522年），王守仁因父亲去世，回乡守孝。嘉靖三年，他受邀在稽山书院讲学，次年又在绍兴创建阳明书院。嘉靖六年，广西思恩、田州少数民族首领聚众叛乱，朝廷再度起用王守仁前去平乱。此时他已患肺病多年，但仍然接受了任务，只用了半年时间就平定了叛乱，并顺势平定了八寨、断藤峡瑶族的叛乱。

这次平叛之后，王守仁肺病加重，身体每况愈下，他向朝廷上疏乞求告老还乡。嘉靖七年十一月二十九，王守仁病逝于南安（今江西大余），享年五十七岁。

发展心学

后世之人将王守仁树为楷模，不仅是因为他的“武功”，更重要的是因为他在南宋陆九渊思想的基础上，提出了一套以“致良知”为核心的理论，形成陆王心学。

王守仁出身于书香门第，从小就接受程朱理学的教育，对朱熹提倡的“格物致知”深信不疑，认为只要对自然界的事物进行耐心品味和精心思考，就能得到所谓的“天理”。一次，他按照朱熹的话，搬了一把椅子静静地坐在竹子前，废寝忘食地冥思苦想。七天过去了，不仅没有悟出一丝道理来，反而大病了一场。这让他对程朱理学“格物以穷理”的说法产生了怀疑，开始寻找新的途径去探究人生真谛。

唐寅装疯

明朝成化、正德年间，苏州一带活跃着唐寅（唐伯虎）、祝允明（祝枝山）、文征明、徐祯卿四位才子，被称为“吴中四才子”，或“江南四大才子”。

宁王朱宸濠听说唐寅才华横溢，曾重金聘请他到王府去做幕僚。唐寅刚去没多久，就发现宁王怀有异心。他为了脱离宁王控制，整天喝得醉醺醺的，装疯卖傻。宁王受不了，就放他走了。后来，宁王造反，被王守仁镇压，唐寅也算是幸免于难。

山西应县木塔明武宗御笔“天下奇观”匾额

山西应县木塔是我国现存最古老、最高的木塔，这里悬挂着一块题为“天下奇观”的匾额，其中还蕴藏着一个故事。明武宗当政时，鞑靼部首领“小王子”在草原崛起，气焰嚣张，屡次进犯明朝边境。一向争强好斗的明武宗很不服气，于正德十二年微服亲征，在应州与来犯的“小王子”鞑靼骑兵展开大战。在激烈的厮杀中，明武宗奋不顾身，直奔阵前参与指挥和战斗，还亲手斩敌一名。明军受到激励，士气高昂，最终取得应州大捷。从此以后，鞑靼骑兵再也不敢轻举妄动进犯边境。明武宗十分自豪，次年为应县木塔题匾“天下奇观”，一是赞美木塔宏伟奇特，二是喻指应州大捷为天子奇功一件。

被贬到龙场驿后，王守仁在安静又艰难的环境中，苦苦思索自己的人生经历。一天夜里，他突然有所顿悟，欣喜若狂，这就是所谓的“龙场悟道”。王守仁认识到，真理和良知都在自己的心里，不需要去外部探求，从而提出了“知行合一”“致良知”等主张。

王守仁的哲学思想主要体现在《传习录》《大学问》两部著作中。他的“良知”概念，出自《孟子·尽心上》:“人之所不学而能者，其良能也，所不虑而知者，其良知也。”他对此有所阐发，认为“良知”就是隐藏在每个人心中的“天理”，往往被私欲遮蔽，需要重新发现、扩充、实行，这样就可以达到圣贤境界。而所谓“知行合一”，则是反对程朱理学“知在行先”的说法，认为学者必须“知行并进”。

王守仁发展了心学，打破了程朱理学一统天下的局面。在他的影响下，许多士人开始反思传统儒学，使得原本死气沉沉的学术风气又充满了活力。但王守仁的思想也遭到一些推崇程朱理学的士人反对，被看作“异端”，加以抵制。

万历十二年（1584年），王守仁从祀孔庙，这表明“阳明学说”在一定程度上得到了官方的认可。明朝中后期，阳明学说发展成为一股巨大的思想潮流，遍及海内，对当时乃至之后数百年的思想文化产生了深远影响。（杜明鑫）

无善无恶心之体，有善有恶意之动，
知善知恶是良知，为善去恶是格物。
——［明］王守仁

明代蓝釉堆花梵文双耳三足炉

[明]唐寅《四美图》

唐寅擅长山水画、人物画，尤其以仕女图最负盛名。《四美图》是他早期工笔重彩画风的代表作，收藏于北京故宫博物院。此图人物造型匀称优美，笔墨细劲流畅，纹饰描画细致入微，色调丰富和谐，浓艳中兼具清雅。

屯门海战

明武宗猝然驾崩、明世宗即位当年，时任广东海道副使的汪鋐，奉命驱逐入侵广东沿海的佛郎机舰队。双方在屯门地区发生海战，以明朝获胜而告终。在后来的茜草湾之役中，佛郎机人再次战败。从此，直到嘉靖二十年（1541年），佛郎机人再也不敢侵扰广东沿海。

佛郎机东侵

“地理大发现”开启了大航海时代，西方殖民者开始了对亚洲、非洲、美洲的侵略。当时西方海上霸主之一的佛郎机（明朝对葡萄牙的称呼），成为殖民扩张的急先锋。

自15世纪末16世纪初开始，大批用西洋新式枪炮武装的木帆船舰队，由佛郎机军、政、商、教、盗各色人等合伙驾驶搭乘，开往《马可·波罗行纪》中描绘的“遍地黄金”的中国。他们企图依仗木帆船舰加枪炮征服东方，建立殖民帝国。

“黄金国”宫殿入口想象图

马可·波罗在他的游记中将中国描述为一个“黄金国”，使西方对中国掀起了持久的狂热。从15世纪末开始，西方冒险家将对东方的憧憬和想象付诸行动。

早在正德三年（1508年），佛郎机国王曼努埃尔一世就已经下令，让远征满剌加（今马六甲）的佛郎机首领打探中国的情报。正德六年，佛郎机人占领满剌加之后，担任该领地文书和会计的托梅·皮雷斯，仅向当地的华侨、华商做了简单调查，就向佛郎机国王报告说：“要把中国置于我们的统治之下，只消用满剌加总督的十艘船，就能从海岸攫取中国。”

明正德年间青花阿拉伯文花插

奇特的正德瓷器

相比于以前的明代瓷器，正德瓷器的最大特点就是器身上大量使用阿拉伯文作为装饰。这种奇特性，起源于明武宗。

在明朝的皇帝中，明武宗可以说是非常有意思的一个。他既爱玩，也爱打仗，曾自称大将军，御驾亲征，而且他天资聪颖，还懂一点阿拉伯语。受到皇帝喜好的影响，带有阿拉伯文装饰的瓷器在正德年间大量出现。

正德八年，佛郎机人若热·阿尔瓦雷斯率领舰队抵达珠江西江海口，登上被当地人称为“屯门”（葡语音译为Tamão，今广东台山上川岛）的海岛，在岛上非法竖立了宣示佛郎机领土主权的发现石柱碑，开始实施名为商贸、实则侵华的野心计划。

此后，各色佛郎机人以及各国天主教会传教士，乘坐佛郎机武装船舰纷至沓来。他们进入广东后，采取各种手段，以图在中国站稳脚跟。一方面，他们在广州附近水域鸣放西洋大炮，耀武扬威，横行于珠江口至广州的水道，造成人心恐慌。而且他们还擅自在西江和东江两海口的岛屿登陆，建城立寨，开展非法占地、贸易和传教活动，甚至时有抢掠杀人的行径，引起明朝官民的反击。另一方面，他们向明朝各地官长，以及北京的朝廷大臣乃至皇帝广送海外“奇珍异宝”，包括一些先进的西洋科技文化艺术产品，以求将非法占地和商贸、传教的行为合法化。

但是纸包不住火，佛郎机过去侵占明朝属国满剌加，以及后续侵华的阴谋和罪行，被满剌加国使者和广东地方的有识之士一再揭发，很快引起广东地方主政者与北京朝廷官员的重视。正德十五年，最早狂言用十艘船“攫取中国”的皮雷斯，担任佛郎机第一位使节，率领团队从广州北上，到北京等候明武宗接见。但明武宗接受大臣的建议，拒绝接见。

烈焰映屯门

正德十六年三月，明武宗去世，继位的明世宗顺应激愤的群情，批准驱逐在京的佛郎机“使团”，以及在广东沿海进行非法贸易的佛郎机人，后又下令将退至广州的皮雷斯等人监禁处死。

明正德年间九龙祥云盘

> 公（汪鋐）以儒发身戎务，若非素习，一旦挺身行阵，摧数百年未睹之强寇，岂偶然者哉！
>
> ——《重建汪公生祠记》

广东官员奉朝廷之命，开始搜捕、驱逐在广州、东莞等地港口的佛郎机人。有五艘佛郎机船陆续进入明朝的海防要地南头海湾，驻守南头城寨的官员设计扣船抓人，并没收其货物。不久，又有几艘武装精良的佛郎机大型帆船泊入南头城寨兵船驻守的屯门，为首的就是正德八年首登屯门的若热·阿尔瓦雷斯。

时任广东海道副使、镇守南头的汪鋐立即调动大批战船前来攻打，战船最多时达到五十余艘。由于明军火炮射速、准确率都落后于佛郎机炮，舰船航速、防护也比不上佛郎机船，往往来不及换弹或瞄准，便被射速更快的佛郎机炮击伤打沉，伤亡严重。汪鋐随即放弃原定的强攻速胜计划，改用陆海包围、困死敌人的策略。

很快，若热·阿尔瓦雷斯病死在被围困的船上，佛郎机人军心大乱。两个多月后，两艘佛郎机船从满剌加前来支援。原本被围困的佛郎机人此时已经伤亡过半，援军与残兵合并为三船，准备拼死突围。

一直严密监视敌情的汪鋐察觉敌人的动向，立刻发动总攻。凌晨，他下令将一批装满油料、柴草的小船点燃放出，小船带着熊熊烈焰，顺风冲向佛郎机船。佛郎机船着火燃烧，遭到重创。可惜此时突降大雨，熄灭了火焰，三艘佛郎机船趁机逃回满剌加。至此，中国抗击西方殖民主义者的第一次战争——屯门海战以明朝胜、佛郎机败而结束。

师夷长技以卫国

屯门海战之后，汪鋐等各地官员对佛郎机人使用的“蜈蚣船”“佛郎机铳”的先进性有了深刻认识，下令学习和仿造，明朝陆、海边防的军备得到很大改善，奠定了长期战胜继续来犯的佛郎机船的基础。

嘉靖元年（1522年）七月，贼心不死的佛郎机舰队再次入侵。他们企图从新会县的茜草湾登陆，被驻守当地的明朝海防船队打败，逃窜到新安县的稍州海面时，又立刻遭到汪鋐组织的庞大舰队的围攻。激战中，佛郎机船被击毁一艘，连人带船被俘虏两艘，损失惨重。

此后几十年间，陆续前来广东、浙江、福建沿海从事非法贸易的佛郎机舰队，都被明军打败、驱逐，佛郎机殖民明朝的妄想破灭。直至万历初年，佛郎机商人及西洋各国传教士，完全按照明朝规定俯首称臣，缴租、纳税、服役，服从明朝各级主管官员的管辖和治理，才正式获准在濠镜澳（明朝对澳门的称呼）口岸合法居住和从事商贸、宗教活动。其他西方国家派船队来华贸易，都要到明朝中央政府严格管治的港口，接受官员的查验，缴纳船货税金之后，才能合法进行贸易。这种情况一直持续到清道光二十年（1840年）鸦片战争之前。

汪鋐击败佛郎机、保民卫国的功绩意义重大，在当时，南头的乡绅百姓就已经为他建立生祠，作为纪念。万历元年（1573年），百姓将汪鋐与创建新安县有功的官员刘稳放在一起纪念，重建了汪刘二公祠。这座祠堂的后殿，至今仍留存在深圳南山区南头关口正街。（谭世宝 马晓菲）

佛郎机铳

佛郎机铳是一种早期的后装火器，由母铳和若干子铳组成。母铳是主体，子铳有点像现代火炮用的炮弹，可以预先装填火药，提高发射速度。在和佛郎机人交战的过程中，明军领教到了佛郎机铳的威力，很快便仿制了大量佛郎机铳用于战斗，并有所改进。

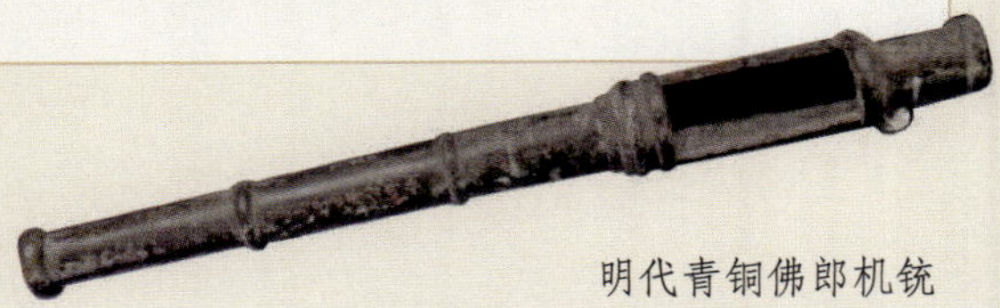

明代青铜佛郎机铳

蜈蚣船图
此图出自清代《古今图书集成》。蜈蚣船是明清时期的一种战船，因两侧船桨众多、形如蜈蚣而得名。

明世宗与“大礼议之争”

明武宗朱厚照驾崩后，因膝下无子，最终由其堂弟、兴献王朱祐杬之子朱厚熜继承皇位。朱厚熜继位之初，君臣之间因兴献王的尊号等问题产生了重大分歧，发生了明朝历史上著名的政治斗争——“大礼议之争”。

礼议之争

正德十六年（1521年）三月十四，年仅三十一岁的明武宗病逝。他没有留下子嗣，根据《皇明祖训》中规定的“兄终弟及”原则，需要从他的兄弟中选择一位皇位继承人。因为明武宗的弟弟朱厚炜英年早逝，最终明武宗的母亲张太后和内阁首辅杨廷和商定，确定由明武宗的堂弟、兴献王朱祐杬之子朱厚熜继承皇位。

明世宗画像

明正德年间黄地青花折枝花果纹盘

朱祐杬是明宪宗第四子，被封为兴王，封地在湖广安陆（今湖北钟祥），去世后谥号为“献”，因此又称“兴献王”。朱厚熜承袭了兴王的封号。

正德十六年三月十五，也就是明武宗去世的第二天，张太后派大学士梁储、礼部尚书毛澄等前往安陆，迎接十四岁的朱厚熜到京师即皇帝位。四月初一，朱厚熜拜别其父陵墓，次日又辞别生母，启程赴京。四月二十二，朱厚熜抵达京师郊外，但他却与来迎接的人应采用何种礼仪产生了分歧。

礼部尚书毛澄根据杨廷和的授意，认为朱厚熜应以明孝宗皇太子的身份即位，由东华门入宫，住在太子的住所文华殿，然后择日登基。这相当于将朱厚熜过继给了明孝宗，朱厚熜对此方案十分不满，坚持以兴王的身份继承皇位。双方僵持不下，最终由张太后出面调停，群臣上表劝进，朱厚熜这才从大明门、午门进入紫禁城，在奉天殿即位登基，并改年号为嘉靖，后人称他为明世宗。

皇位已定，但身份问题仍悬而未决。明世宗

下令群臣议定明武宗的谥号，同时下令议定生父兴献王的祭祀方式及封号，再次挑起了身份之争。七月，新科进士张璁上《大礼疏》，建议明世宗仍以生父为“考”（对过世父亲的尊称），在北京另立兴献王庙。此举得到了明世宗的赏识，但张璁势单力薄，难以服众，他的提议遭到了内阁首辅杨廷和为首的大臣们的反对。

明世宗生父兴献王画像

群臣援引汉哀帝、宋英宗的先例，认为朱厚熜应由小宗入继大宗，以明孝宗为“皇考”，尊奉为正统，改称生父兴献王为“皇叔考兴献大王”、生母蒋氏为“皇叔母兴国大妃”，祭祀时对亲生父母称“侄皇帝”。但明世宗坚持以兴王的血脉承继大统，多次下诏尊加其父徽号（称颂帝后的美好称号）。杨廷和、毛澄等文武大臣六十余人据理力争，毫不客气地将诏书封还，拒不执行。双方僵持不下，陷入僵局。

正在此时，朱厚熜的生母蒋氏抵达通州，得知此事，很不高兴，说道：“我儿子当了皇帝，怎么能过继给别人呢！那我还进京干什么！”她一怒之下，拒绝进京。明世宗得知此事，伤心欲绝，哭诉着要退位，侍奉蒋氏返回安陆。这样一闹，群臣大为惶恐。最后，张太后再次出面调停，封蒋氏为“兴献后”，蒋氏才勉强入京。十月，明世宗坚持以皇太后的礼仪迎蒋氏入宫，群臣虽不满意，却也无可奈何。

左顺门血案

嘉靖三年（1524年）正月，明世宗再次召集群臣议定尊号。此时朝臣分成了两派，一派是以杨廷和为首的护礼派，一派是以张璁、桂萼为首的

明正德年间阿拉伯文带座铜炉

廷杖

在朝廷上以荆条或竹板打人，对朝中的官吏实行惩罚，称为“廷杖”。一般认为廷杖始于隋唐，明代以前各代的廷杖只是皇帝偶尔动怒所为，但到了明代逐渐形成制度，成为皇帝惩罚朝臣的常用手段。

北京故宫午门

午门是故宫的正门。朱厚熜即位前坚持要从午门进，坚决不走专供太子出入的东华门。

议礼派。议礼派虽然官微职轻，却深得明世宗的支持。两派发生了激烈争执，杨廷和以退为进，上疏请求辞官。此时的明世宗地位已经稳固，他顺水推舟，准许杨廷和辞官还乡。大臣们群情激愤，数十人上疏反对。明世宗恼羞成怒，进言之人均被斥责、罚俸，甚至罢官。

三月，在君臣的商议下，明世宗勉强同意称其父为“本生皇考恭穆献皇帝”，其母为“本生母章圣皇太后”，尊封祖母邵氏（明宪宗贵妃）为寿安皇太后，明孝宗皇后为“圣母昭圣慈寿皇太后”。“本生”二字实际上只是承认了明世宗的生物学父母，但在宗法制度上，明世宗还是过继到了明孝宗名下，称明孝宗为“皇考”，称张太后为“母后”。

兴献王陵寝——明显陵

北京地坛

明世宗即位后，要求将天地分开祭祀。嘉靖九年（1530年），明朝恢复了明太祖朱元璋早期祭祀天地分开进行的礼仪制度，并建造了专门祭地的方泽坛。方泽坛后改名地坛，成为明清两代皇帝祭地之处。

滚滚长江东逝水，浪花淘尽英雄。
是非成败转头空。
青山依旧在，几度夕阳红。
白发渔樵江渚上，惯看秋月春风。
一壶浊酒喜相逢。
古今多少事，都付笑谈中。

——［明］杨慎

但这一妥协方案并没有真正解决问题，没过多久，风波又起。七月，明世宗诏谕礼部，要为亲生父母上册文，并祭告天地、宗庙、社稷。接到诏谕后，群臣哗然，这无疑是将兴献王定为皇考。七月十五，眼看第二天就要上尊号了，明世宗还是没有给群臣一个满意的答复。群臣不满，决定集体向明世宗进谏，以维护宗法礼仪。

杨廷和的儿子杨慎对众臣说：“国家养士一百五十年，仗节死义，正在今日。”散朝后，护礼派二百多人迟迟不肯离去，集体跪在左顺门外，大呼太祖高皇帝、孝宗皇帝，他们哭声、喊声震天，跪请明世宗收回成命。明世宗此时正在靠近朝堂的文华殿斋戒，听到宫外哭声震天，命司礼监太监传旨，让他们即刻退去。但直到午后，群臣仍伏地不起，企图迫使明世宗妥协。明世宗大怒，下令锦衣卫将数人逮捕入狱。一时间群情激愤，矛盾再次激化，杨慎等人甚至冲至左顺门前，“撼门大哭”。明世宗恼羞成怒，下令将参与此事的五品以下官员一百三十四人抓捕入狱，四品以上官员八十六人待罪停职。

七月二十，锦衣卫请示如何处理逮捕的大臣，明世宗下令将四品以上的官员停俸，五品以下官员当廷杖责，十余名大臣遭廷杖致死，史称“左顺门血案”。

尘埃落定

左顺门血案后，护礼派或死或贬，反对议礼的官员在杀威棒下终于闭口不言。历时三年的大礼议之争宣告结束，明世宗取得了胜利，也巩固了自己的皇权。不久，明世宗终于如愿以偿地将其父尊号改为“皇考恭穆献皇帝”，并将其父的牌位从安陆迁到京城，安放于奉先殿东室观德殿。随后，他改称明孝宗为“皇伯考”，张太后为“皇伯母”。

嘉靖十七年九月，明世宗又追尊生父庙号为“睿宗”。十二月，他的生母蒋太后去世，谥号为“慈孝贞顺仁敬诚一安天诞圣献皇后”。嘉靖二十七年，明世宗将献皇帝的牌位奉入太庙，摆放在明武宗的牌位之上。（杜明鑫）

杨慎

杨慎是太子太师杨廷和之子，他学识渊博，才华出众，被后世称为“明代三才子之首”。杨慎在云南三十年，悉心著述。有著作百余种，存诗词2300余首，其中最为人熟知的当属《临江仙·滚滚长江东逝水》。明代文学家毛宗岗在删改罗贯中的《三国演义》时，将这首词放在了卷首。

明永乐年制青花寿山福海纹香炉

[明] 陈洪绶《升庵簪花图》

此图描绘的是明代文人杨慎（号升庵）双髻插花的故事。传说杨慎因大礼议之争被贬到云南之后，为讥讽时政，曾醉酒后以白粉涂面，髻上插花，游行于市中。

［明］徐渭《四时花卉图》

徐渭，字文长，山阴（今浙江绍兴）人，在书法、绘画、文学、戏剧、军事方面都颇有成就，与杨慎、解缙并称为“明代三才子”。徐渭为人狂放不羁，一生跌宕起伏，他开创了中国画中的泼墨大写意画派，对后世影响很大。徐渭擅长画花卉，《四时花卉图》以其擅长的泼墨大写意手法绘制，笔墨酣畅淋漓，抒发了画家胸中的抑郁之情。

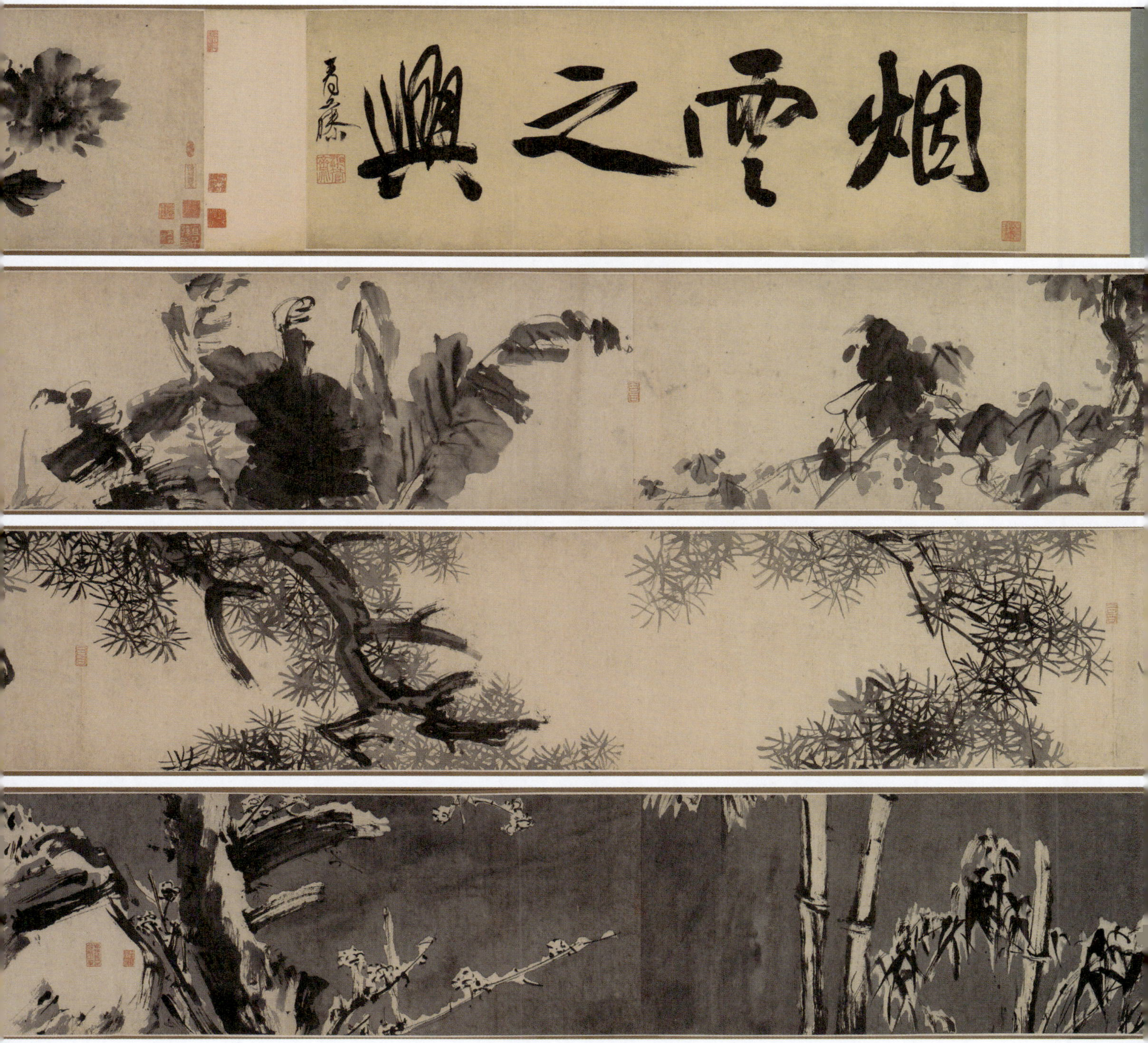
烟雲之興

宁波争贡

明朝中叶，朝廷对日本朝贡使团的规模进行了严格限制。为争夺朝贡资格，获取丰厚的贸易利润，日本的大内氏和细川氏展开激烈竞争，造成了嘉靖二年（1523年）的“宁波争贡”事件。

勘合贸易的由来

明朝建国之初，为了打击走私、巩固海防、防止海盗骚扰，中央政府推行“海禁”政策，禁止民间的海外贸易，于是朝贡成了海外诸国与明朝进行贸易的唯一合法途径。各国使节在进贡的同时，携带货物前来贸易。丰厚的回赐和垄断贸易带来的高额利润，使朝贡成为难得的商业机会。

足利义满画像

与明朝相邻的日本，也希望从朝贡贸易中分一杯羹。明朝初年，室町幕府统一日本，幕府将军足利义满于建文三年（1401年）首次遣使入贡。永乐元年（1403年），足利义满再次遣使入贡。明成祖对日本的迅速归附深表赞赏，赐给足利义满日本国王印、“本”字勘合和“日”字底簿。

所谓勘合，是明朝给予朝贡国使者进贡的凭证。这是一种半印文书，制作时叠压在底簿上，骑缝处用墨笔写上“某字某号”，而后加盖礼部朱印。明朝政府规定在宁波接待日本贡使，日方若派遣使船入贡，各船依次使用“本”字一至一百号勘合，上面填明贡使和贡物等信息，到达后以所持勘合分别与浙江当地政府以及礼部保存的底簿核验，以核实来船是否为朝贡船。如果明朝新皇帝继位，朝贡国需上缴原有的旧勘合，换取写有新年号的勘合。

日本对明朝的勘合贸易，最初主要由室町幕府掌控。15世纪下半叶，日本发生应仁之乱，进入群雄割据的战国时代，勘合贸易的主导权落入豪族大内氏和细川氏手中。当时，明朝为了减少接待朝贡产生的财政支出，收紧了勘合的发放，为了抢占为数不多的贸易机会，大内氏与细川氏展开明争暗斗，双方的竞争日益激烈。

不期而遇的使团

嘉靖二年四月，宁波港迎来新一批日本朝贡使团。率先抵达的是由大内氏大名（即大领主）大内义兴派遣的使团，他们以谦道宗设为正使，携带正德年间的勘合，乘坐三艘朝贡船抵达。

细川氏也不甘示弱。尽管他们手上只有弘治年间的勘合，早已过了有效期限，但按照明朝规定，日本每十年进贡一次，准备一次勘合贸易，往往要耗时数年，所以细川氏也派了一条朝贡船试试运气。他们以鸾冈瑞佐和宋素卿为使者，随后抵达宁波。

宋素卿，本名朱缟，是宁波鄞县人。弘治年

《浙江沿海山沙图》局部

出自郑若曾《筹海图编》卷一，日本贡船例由定海关入宁波府。

间，宋素卿的父辈因生意出了问题，用他向日本商人抵债。于是，年少的宋素卿被带到日本，后来成为细川氏的家臣。

宋素卿为人处世八面玲珑，颇具手腕，他对明朝官场非常熟悉，预先重金贿赂了宁波市舶司太监赖恩。赖恩收受贿赂后，对细川使团格外照顾，尽管他们比大内使团晚到，所持勘合也早已过期，却被优先安排查验货物。在欢迎晚宴上，赖恩还将细川使团奉为上宾，座次在大内使团之上。两拨势力一见面就相互诋毁，争执不休，最终酿成了一场惨案。

五月初一，受尽羞辱的大内使团正使谦道宗设，带领一伙人闯入存放贡物的仓库，取出刀枪、盔甲，杀死鸾冈瑞佐及多名细川氏商人，并烧毁其船只。宋素卿等人仓皇逃走。谦道宗设带人一路追杀，经慈溪、余姚，直到绍兴城下，掳走指挥袁琎。都指挥刘锦率兵追击，战死于海上。这就是宁波争贡事件，又称争贡之役。

明朝政府的应对

明朝政府很快捉拿了宁波争贡事件的关键人物宋素卿等人。负责对外事务的礼部认为，宋素卿一方既已伤亡惨重，应该让他带着咨文回日本，让幕府将军查明贡使真伪。一些官员则表示反对，认为应当治宋素卿的罪。于是宋素卿先被关在宁波，后押至杭州，以谋叛下海的罪名被关押在浙江按察司的狱中。

这年五月，朝鲜官兵擒获倭船，俘获了日本人中林、望古多罗，经审讯得知，两人正是从宁波逃走的大内使团的成员。朝鲜将这两人送往北京后，明朝政府将他们发往浙江，与宋素卿对质。嘉靖四年，刑部议定，将宋素卿与这两名日本人都拟为死罪，关押在牢中。

此时，正好有琉球使臣准备回国，明朝政府让琉球使臣顺路给日本方面带话，要求缉拿元凶谦道宗设，送还被掳的袁琎等人。嘉靖六年，室町幕府将军足利义晴和细川氏大名细川高国撰文答复，称宋素卿才是真正的使者，谦道宗设等是假使者。但由于谦道宗设

明嘉靖年间五彩鱼藻图盖罐

双屿港的辉煌

宁波争贡事件之后，明朝取消了宁波市舶司。离宁波不远的舟山双屿港反而更加红火，成为定期进行走私的交易场所。大量来自江浙、福建、日本、琉球，甚至马六甲海峡一带的东西方商人，在这里创造了盛极一时的远东自由港。

至于倭寇的集中爆发，则是双屿港被明朝军队摧毁后才发生的事情。

大内义兴画像

大内义兴是日本大内氏第三十代家主。他派出的使团酿成了宁波争贡事件，后来明朝与日本的正规贸易途径断绝，倭寇滋生。

与被掳明人都在大内氏手中，所以足利义晴和细川高国只能依据大内氏方面的情报模糊地回复。这些文书直到嘉靖九年才由琉球使者带到北京。

勘合贸易的衰落

宁波争贡事件之后，明朝朝廷中关于收紧海禁的呼声越来越高。经过商议，嘉靖八年，礼部奏请关闭宁波市舶司，断绝同日本的贸易往来。之后，明、日双方的勘合贸易一度中断了多年。

嘉靖十八年，新任大内氏大名大内义隆派遣三艘使船来贡，细川氏的新当家细川晴元也筹备了一艘贡船，但未能成行。中断多年的朝贡贸易终于恢复，但日方使者未能满足明朝缉拿谦道宗设、归还袁琎的诉求，日方提出的关于归还前次货物、放还宋素卿等人、颁赐嘉靖新勘合的请求也被明朝拒绝。

嘉靖二十三年，大内氏再次遣使朝贡，同年，宋素卿等被处决。几年之后，大内氏因内乱灭亡。随着日本战国内乱的加剧，以及明、日双方关系的恶化，延续一百多年的勘合贸易自此衰落。但上百年的贸易往来，早已培植起一批依靠贸易生存的商人群体。日方需要明朝的货物，明朝沿海的商人也急需通过出口获利，双方一拍即合，民间的走私贸易屡禁不止，愈演愈烈。

嘉靖二十六年，明朝以朱纨为浙闽巡抚，治理沿海乱象。朱纨整顿海防，厉行海禁，捣毁了浙江舟山的重要走私港口双屿，后来，朱纨遭到罢黜，海禁再度废弛。在此期间，日本战国群雄并起，从欧洲远道而来的佛郎机人在福建、浙江沿海广泛走私劫掠，大海盗王直、徐海等往来于明、日两地，称雄一方。各股势力在摆脱明朝控制的大海上竞逐利益，最终酿成了祸患多年的嘉靖倭乱。（牛震宇）

王直

王直自称本名汪五峰，一说本名锃，徽州歙县人，是嘉靖年间有名的倭寇头目，在宁波双屿港建立据点，后移到烈港，焚掠沿海各地，后又把日本肥前的平户作为据点。嘉靖三十一年，王直派徐海等人引导倭寇入侵，浙东、浙西、江南、江北同时告警，以后连年侵扰不绝。嘉靖三十六年王直被擒，被斩于杭州。

明嘉靖年间五彩团海水云龙纹瓜棱罐

“青词宰相”严嵩

明世宗信奉道教，一心修道，朝政大权由内阁首辅严嵩把持。严嵩权倾天下二十年，晚年时渐渐被明世宗疏远。在大臣们的相继弹劾下，严嵩被没收家产，削官还乡，最终在贫病交加中死去。

一意媚上

成化十六年（1480年）正月，严嵩出生于江西分宜。他的父亲参加科举，久考未成，便把希望寄托在儿子身上，对儿子悉心栽培。弘治年间，二十五岁的严嵩考中进士，被选为翰林院庶吉士，后被授予编修之职。但是不久，严嵩得了场大病，辞官返回原籍。他在家乡钤（qián）山读书十年，潜心赋诗作文，在当地颇有清誉。

嵩无他才略，惟一意媚上，窃权罔利。

——《明史》

正德十年（1515年），严嵩重返朝廷。他一开始在翰林院任职，后来职位不断升迁。嘉靖十一年（1532年），严嵩升任南京礼部尚书，两年后又改任南京吏部尚书。

嘉靖十五年，严嵩赴京朝觐，被明世宗留下，任命为礼部尚书兼翰林院学士。由于明世宗对礼仪的重视，礼部尚书在大臣中地位尤其显赫，这个职位往往成为进入内阁的阶梯。嘉靖十七年，明世宗准备将生父兴献王的牌位移入太庙，遭到群臣反对。严嵩刚开始也追随众议，但看到明世宗不悦，便见风使舵，尽改前说，并精心主持了兴献王牌位入太庙的仪式。明世宗对此感到十分满意，赐给严嵩金币作为赏赐。第二年，京城上空出现祥云，严嵩借此大做文章，请明世宗接受群臣朝贺，还特意作《祥云赋》《大礼告成赋》，极尽谄媚。

当时明世宗十分信任内阁首辅夏言。夏言是严嵩的同乡，严嵩为拉拢关系，拼命讨好夏言。后来夏言便视严嵩为门生，极力推荐。

明世宗信奉道教，经常在宫中设道场做法事。做法事时需要焚化一篇骈体表章，用以奏报“玉皇大帝”，因这种表章是用朱笔书写在青藤纸上的，故称“青词”。严嵩为了投明世宗所好，常常挖空心思地写青词。他写的青词很有文采，深受明世宗喜爱。

明世宗喜欢戴道家香叶冠，还命人制了五顶香叶冠赐给夏言、严嵩等大臣。夏言认为佩戴香叶冠不合礼制，拒不佩戴。而严嵩为了讨好明世宗，每次进宫都戴着，还在香叶冠外笼上青纱以示虔诚恭敬。明世宗看到这种情形，日益宠信严嵩而疏远夏言。

严嵩画像

严嵩为了谋求更大

明代书房陈设场景复原

的权力，将夏言视为自己的绊脚石，全然不顾之前的引荐之情，屡屡在明世宗面前诋毁夏言。嘉靖二十一年，内阁首辅夏言被革职，严嵩进入内阁。此后，严嵩在朝野安插亲信，一步步巩固自己的地位，当上了内阁首辅。有人认为内阁首辅相当于宰相，而严嵩是靠写青词步步高升，因此被称为“青词宰相”。

后来明世宗觉察到严嵩专权，重新任用夏言。夏言深知严嵩的为人，于是处处约束他。严嵩怀恨在心，寻找机会再次对夏言下手，终于在嘉靖二十七年将夏言诬陷致死。夏言一死，朝中再也没人敢与严嵩作对，从此严嵩权倾朝野。

权倾朝野

接掌内阁大权之后，为了巩固自己的地位，严嵩开始排除异己，陷害忠良，不少弹劾他的官员都遭到了迫害。

给事中厉汝进弹劾严嵩“为国大毒”，被廷杖八十，贬为典史，不久削职为民。

锦衣卫沈练上疏进攻蒙古俺答部之策，却被严嵩压着不报，沈练得知此事后十分愤怒，上疏指责严嵩独断专权、嫉贤妒能，要求明世宗铲除此害。明世宗接到奏报，不但没有惩责严嵩，反而将沈练贬职。后来，严嵩又指使党羽捏造罪名将沈练杀害。

兵部武选司员外郎杨继盛出于为国除奸的一片忠心，毅然上奏《请诛贼臣疏》，弹劾严嵩，历数其“五奸十大罪”。一向宠信严嵩的明世宗接到奏疏后大怒，命令锦衣卫将杨继盛逮捕入狱。杨继盛被监禁三年后，严嵩见明世宗无意杀他，便授意刑部将杨继盛处决。

严嵩在排除异己的同时，还扶持自己的势力，在重要部门安插亲信。其子严世蕃任工部右侍郎，吏部尚书吴鹏、刑部尚书欧阳必进、户部尚书高耀都是严嵩的死党。由于有严嵩撑腰，他们个个飞扬跋扈，傲慢专横。

严嵩还利用手中的职权贪污受贿、卖官鬻爵。礼部员外郎

夏言画像

夏言

夏言是江西贵溪人，正德年间考中进士。嘉靖初年，夏言上疏奏请裁撤冗员，得到明世宗赞赏，后来裁撤三千二百人。他奉命去地方清查庄田，把被皇亲国戚侵吞的民产如数归还给百姓，并提出了限制皇庄扩张的措施。嘉靖十五年，夏言入内阁，很快成为首辅。

后来夏言被严嵩排挤，丢了官职，又被重新起用。严嵩弹劾兵部侍郎曾铣与夏言勾结，虚报战功，战败不报，还贪墨军饷，中饱私囊。最终夏言于嘉靖二十七年十月被斩首，时年六十七岁。隆庆年间，夏言获得平反。

项治元贿赂严嵩而升任吏部主事，举人潘鸿业贿赂严嵩而升任临清知州。严嵩不仅在朝中贪污纳贿，还到处搜刮钱财。他在北京、南京、扬州等地霸占了数十处豪宅，侵占了自己家乡十分之七的田地。经过十余年的大肆搜刮，严嵩的家财可与皇帝比肩，金银财宝难以计数。后来严嵩被抄家时，共搜出黄金三万余两，白银二百余万两，珠宝、古玩、珍奇之品不计其数。

庚戌之变

明朝与蒙古的贸易时断时续，嘉靖二十九年（1550年）六月，因明世宗拒绝与蒙古进行贸易，蒙古右翼土默特部首领俺答汗率军从古北口入关，直逼北京城下。明朝重臣严嵩唯恐战败，不准明军诸将出击，听任蒙古军队在城外劫掠。抢掠八日后，俺答军在得到明朝通贡允诺后终于撤退。事后，严嵩杀害执行其命令的兵部尚书丁汝夔，推卸责任。因这一年是农历庚戌年，这一事件史称“庚戌之变”。

凄惨结局

严嵩专权后期，由于年迈，遇事多依靠其子严世蕃，时常让他代为票拟（内阁大学士替皇帝浏览奏章，草拟的处理意见）。严世蕃在严嵩的悉心栽培下，通晓典章时务，善于揣摩圣意。明世宗下达的旨意，有时言辞深奥，严嵩不能理解，而严世蕃却能参透其中的言外之意，其票拟也能迎合明世宗的心意。

严嵩的妻子亡故后，严世蕃回乡守孝三年，不能再代父票拟，严嵩只得亲力亲为。但他此时已八十多岁，年老体衰，反应迟钝，票拟往往词不达意，前后矛盾。明世宗看后很不满意，让他拿回去修改，结果他反而越改越糟，明世宗对严嵩的不满日益加深。

嘉靖四十年，明世宗居住的永寿宫失火，他只得移居玉熙殿。但明世宗对玉熙殿很不满意，想修建新宫殿，严嵩却建议明世宗暂居南宫。南宫是当年软禁明英宗之地，明世宗听后很不高兴。从此，凡是军国大事，明世宗都不再让严嵩过问。

明式家具——交椅

就在明世宗对严嵩日益不满之时，宫中来了个道士蓝道行，醉心道教的明世宗对他深信不疑。一天，明世宗让他问神灵：“天下为什么不治呢？”蓝道行假借神灵答道：“贤不竟用，不肖不退耳。”

明世宗接着问贤者和不肖之人指的是谁，蓝道行说道：“贤如徐阶、杨博，不肖如严嵩。”御史邹应龙听闻此事，想借机除掉严嵩，于是他在徐阶的支持下，上疏揭发严嵩父子结党营私、残害忠良等罪行，并在奏疏中说：“如果臣说的有一句是假话，就把臣的头砍下来。”明世宗早就有换掉严嵩的想法，随即下令将严嵩罢黜，其子孙也都被发配。

年迈的严嵩失去了往日的权势和财富，只得乞求明世宗允许他在江西的祖坟旁搭一间草棚度日。嘉靖四十五年四月，严嵩在贫病交加中去世，终年八十七岁。他死的时候，既无棺下葬，更没人前去吊唁。（杜明鑫）

抗倭名将戚继光

戚继光是明朝著名军事家，他勇于创新，善于治军，带出了一支能征善战的“戚家军”。历经多年奋战，戚继光终于平定了东南沿海为患多年的倭寇之乱，实现了“封侯非我意，但愿海波平”的人生志向。

文武全才，募兵列阵

嘉靖七年（1528年）冬，戚继光生于山东登州（治今蓬莱）一个将门之家。他的父亲戚景通勤俭清正，重视教育，对戚继光严格要求。父亲的言传身教，对戚继光的一生影响很大。

戚继光年少时便表现出非凡的志向，他不但勤于习武，而且博览群书，通晓经史，擅长诗文。戚继光十七岁时父亲去世，他袭承祖上职位，任山东登州卫指挥佥事，仍然从师学习。

嘉靖三十四年，戚继光调任浙江，负责平定倭寇。中国古代称日本为“倭”，倭寇起初指日本海盗，元代时已有倭寇侵扰我国东南沿海地方的记载。嘉靖年间，明朝海防败坏，海禁废弛，随着日本银矿的开采，走私贸易利润剧增。东南沿海产生了诸多武装走私集团，他们勾结日本、佛郎机的走私者，出没无常，横行海上，烧杀掳掠，甚至攻陷卫所和城池。这一乱象自嘉靖三十二年后愈演愈烈。

戚继光来到浙江后，看到浙兵战无甲胄，行无军粮，缺乏训练，而外地军队既不方便调拨，又难以约束，抗倭作战始终无法取得像样的战果。于是，戚继光建议训练新军。多数官员甚至他的上司浙直总督胡宗宪对此都不看好，但戚继光训练新军抗倭的决心并未动摇。

在一次外出巡察时，戚继光发现浙江金华的义乌人同仇敌忾、彪悍勇敢，于是招募了四千人进行严格训练。刚训练两个月，这些义乌兵就展现出很强的战斗力。

戚继光还根据南方地形特点，针对倭寇挥舞武士刀作战的方式，发明了可以与之短兵相接的“鸳鸯阵”。北方平旷，行军可以列成方阵，而南方多湖泊沼泽，适合纵队行进，于是戚继光以十二人为一个小队。每队设队长一名，在队伍前头；负责挑锅做饭的伙头兵一名，位于队伍最后；其余十人分成两列，各持盾牌、狼筅（xiǎn）、长枪、短兵器。狼筅是戚继光创制的兵器，形如长枪，前端有长刺。拿狼筅、长枪等长兵器的在前，拿短兵器的在后。两列队伍并排前进，犹如成对的鸳鸯一般，故名“鸳鸯阵”。作战时长短武器配合使用，各组人员互相策应，又可根据情况灵活变阵，发挥威力。

这支精锐的新军纪律严明，英勇善战，屡立战功。

戚继光画像

浙江抗倭，九战九捷

嘉靖四十年，义乌兵训练已成。在陆防方面，戚继光建立哨守之制；在海防方面，戚继光在台州督造四十余艘战船，配给松门、海门二关，每日巡哨，对舰队阵形、水手和兵员的配置都规划得井井有条。这样一来，浙江的防倭体系大大改善。

这年五月，大批倭寇分路入侵台州府。戚继光先赴宁海寻其主力决战，而后驰援台州府城。在府城附近，戚继光率部截击倭寇，斩敌三百余人。数日后，他又在府城东北的大田逼退两千倭寇，并于上峰岭小径伏击敌人，将其全歼。

戚继光一个月与倭寇先后作战九次，九战九捷，擒斩倭寇一千余人，被烧死淹死的敌人不计其数。胡宗宪上奏捷报，给戚继光记头等功，称赞他

明代《抗倭图》（局部）

《抗倭图》描绘了嘉靖三十四年浙江沿海军民抗击倭寇的历史事件。此局部图表现的是明朝军队与倭寇进行水战的场景。

打的这些大胜仗“痛快人心”。

第二年四月，戚继光剿灭入侵温州的倭寇，浙江倭患自此平息。戚继光与义乌兵名震天下，人们亲切地称义乌兵为“戚家军”。

首度入闽，数战皆捷

自嘉靖三十四年以来，福建频遭倭寇侵袭。嘉靖四十一年，戚继光奉诏入闽平倭。当时倭寇有两处较大的据点，一为宁德县横屿，一为福清县峰头。

横屿是个小岛，在宁德县城东北，距岸五里，位于滩涂地带，易守难攻。涨潮时，因为水浅，大船开不进去；退潮后，浅滩特别泥泞，不便行走。倭寇在岛上建有大型房屋，外设重城，自以为很安全。

八月，戚继光决定先攻横屿，趁退潮时发起进攻。他动员士卒说：“等进军到对岸后潮水复涨，必须全歼敌人，在岛上等候退潮。除此之外没有退路，没有胆力的不必参战，我不忍心让你们白白送命。”士兵受此激励，谁都不肯落后，出发时每人背一捆柴草，以便通过泥地。戚继光亲自擂鼓，全军以鸳鸯阵前进。将士们将预先准备的柴草铺在容易下陷的泥地上，顺利登岛。他们奋力血战，不到半日便捣毁敌巢，横屿之战大获全胜。

此时峰头的倭寇移营牛田，一路扎营的据点连如长蛇，绵延三十里。九月，戚继光督军夜袭，连续攻下杞店、牛田等地，残余倭寇奔逃并据守莆田南二十里的林墩。林墩地势独特，四面环河，连接海港。戚继光率部到达莆田县城，为避免打草惊蛇，他令军士歇宿民家，假意驻扎，并事先约定暗号。到了半夜，军士饭后集合出城，奔袭林墩。经过血战，戚家军斩敌近千，中午收兵。直到捷报传来，莆田民众才知道倭寇已被剿灭。

收复兴化，解围仙游

戚继光班师回浙，福建倭寇欢呼：“戚老虎走了，我们还怕什么？”于是再次猖獗起来，还攻陷了兴化等诸多地方，引起朝野震动。

嘉靖四十二年，戚继光再度奉诏入闽。四月，他与俞大猷、刘显分三路向盘踞在兴化府渚林的倭寇发起进攻，共斩敌两千余人，收复了兴化等地。

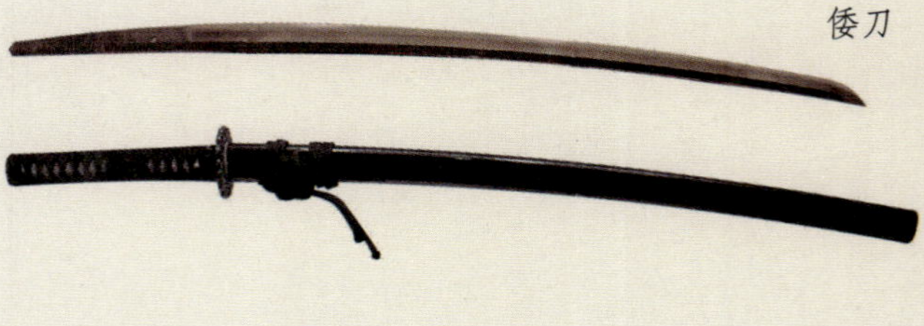

倭刀

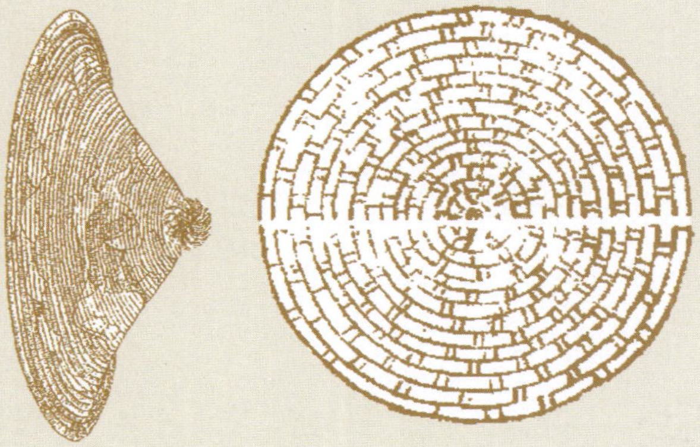

《武备志》中的藤牌

此图出自明代茅元仪《武备志》。藤牌是以藤编制的盾牌，源自福建一带，流行于明清时期。戚继光在《纪效新书》中记载了使用藤牌和腰刀的八种架势。

> 堂堂之阵，千百人列队而前，勇者不得先，怯者不得后。
>
> ——《纪效新书》

这年十一月，戚继光升任总兵官，镇守福建和浙江金华、温州二府。在此期间，又有多伙倭寇登陆，合流后围攻仙游，人数达到两万。此前戚继光的一部分人马已轮班回到浙江，留下分守福建的戚家军还不足六千。面对敌众我寡的局面，戚继光不得不据城固守。他一面派亲兵入城协防，一面以疑兵牵制敌人，另以各军四面布置，以防止敌人转攻他处。

仙游守城战持续了五十天。戚继光趁夜色输送兵员、火药入城，补给人员和物资，城防才得以维持。次年正月，换防的义乌兵到达。戚继光调集浙闽部队，分为正军和侧翼，对他们面授机宜，详细交代了如何提防陷阱、伏兵，如何伺机佯动等。正月二十五凌晨，各路部队以雾气为掩护，突袭倭寇城外营寨，获得成功，仙游之围得以解除。

仙游大捷是戚继光取得的又一次重大抗倭胜利，获得高度评价。二月，戚继光进一步扫荡倭寇残余。倭寇死的死，逃的逃，再也不敢来犯，东南沿海倭患至此平息。

一代名将，英名流传

戚继光用兵最讲究和注重士气，赏罚分明。关于悬赏，为免将士们争抢敌军首级而贻误战机，特别规定不以首级论功。对于临阵退却者，即使是自己的亲兵，也必斩不贷。他关爱士卒，手下的将士没有后顾之忧，所以人人奋勇杀敌，舍生忘死。

戚继光知人善任，谋划周密，多出奇兵，所战皆捷。他镇守福建和浙江数年，倭寇渐平，赫赫声名远扬宇内。他还总结了自己练兵与对倭作战的经验，撰成多部兵书。其中《纪效新书》内容全面，注重实战，加上戚继光抗倭的威名，不少武将把这部书奉为练兵指南，自明清至近代，影响深远。

明朝为加强北部边防，将长城沿线划分为九个防御区，分别驻有重兵，称为九边重镇，每镇设总兵官管辖。蓟镇东起山海关，西至居庸关，拱卫京师，是九镇中最重要的一镇。隆庆元年（1567年），戚继光被任命为蓟镇总兵官。他的防卫措施和体制得当，镇守蓟镇的十六年间，蒙古势力不敢从这里进犯。

（牛震宇）

《练兵杂记》中的镋钯

此图出自明代戚继光《练兵杂记》。镋钯（tǎng pá）是古代兵器，形似马叉，上有利刃，可以刺击，也可以防御。

清官海瑞

古代贪官污吏多如牛毛，百姓深受其害，他们渴望吏治清明，但清官实在是凤毛麟角。明朝官员海瑞在嘉靖、隆庆、万历三朝为官，清正廉洁，刚直不阿，是为数不多的道德模范，被尊称为“海青天”。

刚直不阿“海笔架”

海瑞是广东琼山（今海南海口琼山区）人，他家境清苦，发奋读书，三十多岁时中了举人，被派到南平（今属福建）当学官。一天，某位御史到南平巡视，当时明朝法律规定，禁止教职人员向官员下跪。海瑞谨遵法律，参见御史时站着作揖行礼，而他旁边的人都跪伏在地，那情形就好像中间高、两边低的笔架，海瑞因此得到了“海笔架”的绰号。

嘉靖三十七年（1558年），海瑞被任命为浙江淳安知县，他为官期间刚直不阿，一直保持着不趋炎附势的傲骨。浙直总督胡宗宪的儿子路过淳安时，因为觉得驿站招待不周，大为光火，将驿吏头朝下吊起来鞭打，气焰十分嚣张。海瑞得知后说：“胡总督廉洁，过去他巡视各地，命令路过地方的官员不要供应太铺张。现在这个闹事的人带了很多贵重物品，出行讲排场，一定不是胡总督的公子。”他将胡公子随身带的大量钱财没收充公，并派人将此事飞报胡宗宪。胡宗宪作为海瑞的上司，也没有怪罪海瑞。

海瑞画像

都御史鄢懋卿是内阁首辅严嵩的党羽，他被任命出巡两浙、两淮盐政，一路上贪污勒索，作威作福。每到一处，地方官都跪在地上迎接他，提供奢侈的食宿，甚至用华丽的锦缎装饰厕所和床，用白金装饰尿具，千里传送。然而，鄢懋卿路过淳安县时却碰上了硬钉子，海瑞招待得非常简单，不客气地说本县非常小，百姓贫困，容纳不下众多车马。鄢懋卿听后很恼怒，但知道不能使海瑞屈服，只好悻悻地走了。

一心为民，清廉简朴

明朝地方官有一项叫“火耗”的额外收入，就是将碎银熔化铸成银锭时的折耗，这笔耗费由百姓负担，每年都有不少。地方官通过加征火耗，将这部分银子据为己有。海瑞到任淳安知县后，革去火耗等额外加派，只领俸禄，不向百姓多收银钱。当时，淳安县拥有三四百亩地的富豪不用缴纳赋税，而土地很少和没有土地的贫民却要缴纳许多赋税，很不公平。于是海瑞重新丈量土地，平均分摊赋税，农民负担大为减轻，不少逃亡的农民又回到了家乡。

在海瑞的影响下，县里的官吏在办完公事后，

"嘉靖"年号

"嘉靖"是明世宗的年号，这个年号使用时间长达四十五年，是明朝除万历外使用时间第二长的年号。"嘉靖"出自《尚书》中"嘉靖殷邦"之语，寓意国家安定美好。

海瑞在《治安疏》中写道："嘉靖者，言家家皆净而无财用也。"用谐音批评明世宗为了修道大肆敛财，导致百姓家家干净，没有钱财。

明嘉靖年间五彩鱼藻纹盖罐

都回家务农为生。由于俸禄低，为节省开支，海瑞不坐轿，家里不请厨师，让夫人做饭；不买薪炭，让仆人去山上砍柴；不买蔬菜，让老仆人在院子里开荒地种菜，自给自足。他穿粗布袍子，走在街上根本不像县太爷；平日吃粗粮糙米，在母亲生日时才买两斤肉孝敬母亲。

嘉靖四十一年，海瑞就任兴国知县。兴国土地瘠薄，百姓还要缴纳定额之外的粮赋，苦不堪言。海瑞亲自主持丈量土地，明确田地的数量和肥瘠程度，核实所交粮数。他常在田间地头食宿，经过一年多时间才丈量完毕，免除了失实的粮赋。他又革除冗官冗费和乱摊派，使百姓负担大减。

兵部尚书张鏊的侄子张魁、张豹来兴国买木材，他们欺凌山民，被海瑞抓捕审讯。张鏊为侄子写信求情，又四处打通关节，但海瑞不为所动，刚正执法，最终判了张魁、张豹的罪，大大震慑了那些仗势欺人的不法官吏。

做了两年兴国知县后，海瑞升任户部云南清吏司主事。离任时，兴国百姓簇拥着他，恋恋不舍，以至于道路拥堵。人们还绘制他的画像，挂在家里。

上疏直谏"骂皇帝"

明世宗继位之初励精图治，勤政革新，后来逐渐懈怠，痴迷修道，整日和一些道士厮混，让他们为自己炼制长生的丹药，一心想修道成仙。严嵩等奸臣投其所好，一味阿谀奉承。徐阶、高拱等比较正直的大臣也明哲保身，不敢执意劝谏。

海瑞见到这种形势，非常忧虑，于是在嘉靖四十五年上了一道《治安疏》，直言批评明世宗：

"陛下一意修仙，挥霍民财，大兴土木。二十年不上朝，纲纪松弛，滥封官爵。陛下借口二王不能相见，不见儿子，这是不重父子之情；陛下猜忌、诽谤、杀戮、侮辱大臣，这是不重君臣之义；陛下在西苑沉迷修仙，不返回宫中居住，这是不重夫妇之情。

"天下文官贪污，武将软弱，民不聊生，水灾旱灾频繁，盗贼到处都有，十多年来，情况糟糕透顶，国人对陛下不满已经很久。

"陛下的失误很多，大失误是修仙求长生。陛下以陶仲文为师，求成仙不老，而他已经死了。陛下做错事，大臣盲目顺从，阿谀奉承，没有一个正直大臣指明。希望陛下不要再修道求仙，要振作起来，洗刷'道君皇帝'的恶名，领导大臣好好处理政务，这样的话，国家兴旺指日可待。"

明世宗看过海瑞的奏疏后大怒，将它摔在地上，大喊："快抓海瑞，别让他跑了！"这时宦官黄锦说："听说海瑞上疏时自知会触怒皇上，罪该至死，已经买了一口棺材，与妻子诀别，并将仆人全部遣散，根本就没打算逃跑。"明世宗听后沉默了一会儿，又拿起奏疏看，一天读了几次，大受触动，不停叹息，将奏疏留在身边几个月。他经常说："海瑞可与比干相比，只不过朕不是纣王。"

明世宗因为生病，心情郁闷，打算退位，他对内阁首辅徐阶说："海瑞说得很对，朕现在长时间有病，怎么能处理政务？朕被疾病困扰，假使朕能到便殿处理政务，怎么会被他骂？"于是他将海瑞逮入诏狱，追究主使者。刑部判海瑞死罪，但明世宗不置可否。

嘉靖四十五年腊月，明世宗驾崩。当时宫外的人大多不知道这件事，管监牢的官员听说后，认为海瑞将被起用，于是拿酒菜招待他。海瑞看到酒菜，以为自己将赴刑场，于是大吃大喝。这名官员对他耳语说："皇上刚去世，先生您要被重用了。"海瑞听后大惊，悲伤恸哭，以至于将食物全部呕吐出来，昏倒在地，醒来后又哭了一夜。

巡抚各地，执法如山

明穆宗继位后，将海瑞释放，官复原职。隆庆三年（1569年），明穆宗任命海瑞为右佥都御史，巡抚南京等地。南京下属十个府的官吏慑于海瑞的威名，都严厉约束自己和手下人，许多贪官污吏急忙自动辞职。有的富豪听说海瑞来了，慌忙将家中的红色大门刷成黑色。负责监督织造的宦官也减少轿子和随从，不再奢靡嚣张。

海瑞锐意革新，兴修水利，疏浚吴淞江、白茆河，百姓受益匪浅。他嫉恶如仇，痛恨富家大户欺凌贫弱小户，抑制豪强，扶持穷弱，帮许多贫民夺回了被豪强抢去的土地。他执法如山，雷厉风行，有的豪强慌忙逃窜到他乡躲避。百姓称海瑞为"海青天"，富户豪强则十分怨恨海瑞。

当时，内阁首辅徐阶罢相回乡居住，海瑞认真地巡查他家，不畏权贵。徐阶的弟弟徐陟横行乡里，海瑞将他依法严惩。很快，有人抨击海瑞迂腐呆滞，不懂国家制度，不通人情世故。也有人弹劾海瑞庇护奸民，鱼肉缙绅，沽名钓誉，扰乱国政。明穆宗只好将仅当了半年巡抚的海瑞调走，去管理南京的粮食储备。百姓听说海瑞要离任，沿路号哭。

后来，海瑞革职闲居十六年。万历年间，他被再度起用，先后任南京吏部右侍郎和南京右都御史，万历十五年病逝。因为一生清廉，他甚至没钱买棺材，士大夫们凑钱给他办了丧事。出殡时，送葬的百姓站满长江岸边，祭奠哭拜者百里不绝。朝廷追赠海瑞为太子太保，谥号忠介。

（赵长贵）

海瑞墓

位于海南海口，始建于万历十七年，为全国重点文物保护单位。

南京六部

海瑞曾任南京吏部右侍郎、南京右都御史，为什么同样的官职，北京和南京都有设置呢？原来，明成祖迁都北京后，在南京保留了六部、都察院、翰林院、国子监等机构，以维持对东南财赋重地的控制，官员级别也和北京相同。但南京各部的实权远远不如北京的同类部门，一般是给大臣养老，或者作为被贬、受排挤官员的去处。

[明] 林良《双鹰图》

明代画家林良擅画鹰、雁、鹤等大鸟，他用墨淋漓豪放，有草书笔意，画作神韵流动，透着凌厉的野气。他凭着妙笔丹青，把老鹰画到了极致，堪称一绝，也为自己赢得了了“粤画之祖”的称号。

李时珍与《本草纲目》

马兰、杜仲、白石英、徐长卿……是人名，也是中药名；茉莉花、郁金香、薰衣草、玫瑰花……美丽的花朵，兼具药用价值；桃、杏、枣、梨……可口的水果，也可以治病；五灵脂、白丁香、望月砂、蚕砂……动听的药名，竟是动物的粪便。李时珍的《本草纲目》，让我们认识到了中医的神奇和伟大。

揖别科举，立志从医

李时珍是湖广蕲州（治今湖北蕲春）人，正德十三年（1518年）出生于一个医师之家。他的祖父是一位走街串巷、手摇铃铛、吆喝治病的行走医生，时称“铃医”，社会地位低下，没有留下名字。父亲李言闻医术精湛，名耀一方，曾被举荐为太医院吏目。虽然李家与当地名门有些交往，但家族地位并没有明显改善。

李时珍生活的时代，普通百姓要想改变命运，最佳的途径莫过于科举得中，获得一官半职。李时珍十二岁时，父亲给他聘请了一位蕲州有名的老师。李时珍也秉承父命，发奋学习，博览群书，进步很快。两年后的首次童生试，李时珍便考中秀才，可谓少年得志。然而，随后的两次乡试，李时珍都名落孙山。特别是第二次应考后，他得了可怕的“骨蒸病”（结核病），大家都以为他没救了，幸亏父亲的全力医治和悉心照料才让他转危为安。

《本草纲目》邮票

李时珍邮票

性格坚强的李时珍并没有气馁，病好之后继续精心准备，认真研读《论语》《孟子》等儒家经典。二十三岁那一年，李时珍风华正茂，满腹经纶，信心满满去应试。然而遗憾的是，志在必得的他仍是榜上无名。李时珍心中痛苦，却也萌生出一丝解脱感。

李时珍深受祖父和父亲钻研医理、治病救人的影响，经常兴致勃勃地跟随父亲采摘和炮制药材，更因体弱多病，无数次品尝到了中药的酸、苦、甘、辛、咸，悬壶济世、治病救人的愿望早已在他的心底生根发芽。在科举做官的努力失败后，这一深藏多年的愿望重新萌生。

李时珍徘徊良久，鼓足勇气，用一首简单却坚定的诗，向父亲表明自己的心迹：“身如逆流船，心比铁石坚。望父全儿志，至死不怕难。”李言闻

蕲蛇

现在的中国药典里，有一种药材叫“蕲蛇”，它的来源是蝰科的“五步蛇”。其实在李时珍著《本草纲目》之前，蕲蛇在药材行当叫“白花蛇”，李时珍因家乡蕲州产这种蛇而称之为“蕲蛇”。

舐犊情深，在失望和无奈之余也开始转变观念，同意了儿子的请求，并精心传授医术，一代名医从此起步。

黑漆描金龙纹方角药柜

这是万历年间太医院所使用的药柜，为双开门，内有80个药屉，两侧各有长屉10个，每屉3格，一共可以放140种药。药柜设计精巧，开启方便，体现了明式家具的特征，以及当时医学和中药贮藏技术的发展水平。李时珍曾在太医院任职一年，有机会出入御药库，了解各种珍贵药物。

读万卷书，行万里路

宋代以后，印刷术取得了长足进步，刻书之风日益兴盛，这为医书的批量印刷、广泛流传和私人收藏带来了极大的便利。李时珍就是这一进步的受益者。由于祖父和父亲两代行医，他和父亲也都备考科举，家里有一些史书、医书可供查阅。但毕竟家资有限，存量不多，所幸蕲州的名门望族家中藏有不少医药书籍，李时珍得地利之便，也与他们熟识，常去借阅。

蕲州的富顺王朱厚焜喜爱宠妾所生之子，想废掉嫡子的王位继承权。刚好他的嫡子患病，李时珍进献了一味药剂“附子和气汤”，药到病除。富顺王也感悟到了李时珍将药取名“附子（谐音父子）和气”的善意，打消了废黜嫡子的念头，仍然立嫡子为王位继承人。建藩于武昌的楚王听闻此事，对李时珍赏识有加，便召他做王府的奉祠正，负责府内的祭祀、乐舞之事，兼管良医所事务。李时珍因此得以查阅楚王府内的大量医书。

蕲艾

蕲春出产的蕲艾，植株比普通艾草高，含挥发油较多，香气浓郁，叶厚绒多。蕲艾制成的艾炷易燃、持久，是艾灸佳品。

嘉靖三十八年（1559年），明世宗下诏招揽天下名医，李时珍被楚王推举到太医院任职。由于地位、名望不如那些老御医，李时珍常遭轻视，但这反而给了他出入皇家书库的宝贵机会和充裕时间。李时珍夜以继日，查看和誊抄各种与医药有关的内容，比较和鉴别各地的药材，尤其是民间难得一见的药物标本，收获满满。

李时珍的医药学积累越来越深厚，但是，明世宗深信道教方术，企图借金丹以求长生不老，李时珍无法适应这种风气，又因为他重修《本草》

《本草纲目拾遗》

清代中医药学家赵学敏编著《本草纲目拾遗》，全书共10卷，载药921种，其中716种为《本草纲目》未收或记载不详的，包含了不少民间药材和外来药品，并订正了《本草纲目》的一些错误。这本书是继《本草纲目》后，又一部具有重要价值的中医药学专著。

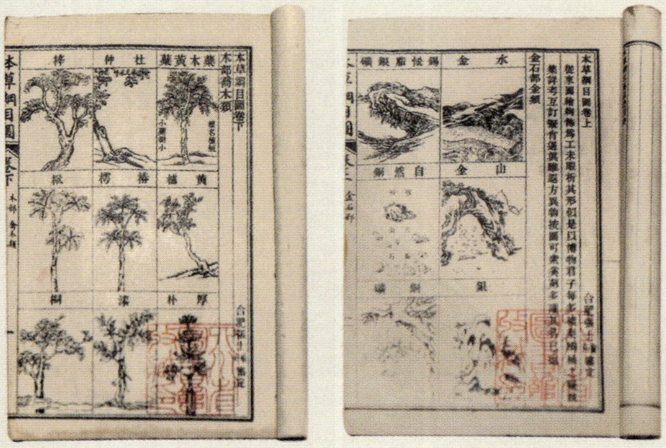

民国石印本《本草纲目》书影

的提议也屡遭拒绝，灰心失望的他在太医院待了一年后，就以患病为由辞职回乡了。

嘉靖末年，李时珍背起药筐，开始了数年的万里跋涉、寻方问药之旅。他翻山涉水，不辞辛劳，足迹广布湖广、江西、南直隶、河南、山东等地，盘桓于山谷、森林、工矿、田野、草地之间，广泛地向老农、渔夫、园丁、樵夫、牧人、猎人、工匠、道士、禅僧、患者，以及名医宿儒、民间铃医、药材商人虚心求教，搜集了大量的单方、验方、祖传秘方，采集了许多珍贵的药物标本，留下了丰富的调查记录。

注重研究，追求科学

李时珍不迷信前代医学大家的定论，不轻信采集到的民间药方，而是通过观察试验、综合分析等研究方法，得出正确的认识。

蕲州盛产一种龟，当地人称为绿毛龟，被视为珍品，多饲养于王府、贵族之家。乌龟为什么长绿毛呢？为了弄清真相，李时珍跑溪涧，入农户，展开详细观察，终于找到了“绿毛”的秘密。原来这种龟捉自溪涧，被放在水缸中饲养，一些水生的丝状绿藻附着生长在龟背上，过段时间就可以长到十几厘米长，看上去就像乌龟背上长了柔软的绿毛。接着他又通过试验，发现绿毛龟的龟甲与普通龟甲药效差不多，绿毛龟的神秘感就此被打破。

有一次，李时珍赴武当山采药，听闻山民们口中的“风茄儿”具有一种特殊功效：用此花酿酒，饮至半醉，身旁若有人欢笑起舞，自己也会随之笑舞。为什么会这样呢？李时珍经过反复观察、试验，最终发掘出了风茄儿的麻醉功能。不久他又发现，风茄儿就是医书中所记载的曼陀罗花。

李时珍在实践中反思，想到世间许多医生因不明药名、药性以及误信“谬误实多”的前代医药书籍而酿成人间惨剧，不由得忧心如焚，他立志尽快重新编订一部药书。

皇皇巨著，闪耀古今

李时珍花费了近三十年的心血，终于在万历六年（1578年）编撰完成了《本草纲目》一书。这部书共五十二卷，一百九十多万字，收录药物一千八百余种，收集药方一万一千多则，插图一千多幅。身居高位的文坛领袖王世贞为它作序，赞扬李时珍涉猎全面，并称翻看《本草纲目》像进了金谷园，琳琅满目；像到了皇帝宫殿，处处宝藏；像端详冰壶玉雕，条理分明。

《本草纲目》收录的各种药用植物

《本草纲目》废除了《神农本草经》所建立的延续一千多年的上、中、下三品分类法，以宋代《证类本草》为参照，以部为纲，以类为目，将药材分为十六部、六十类，创造了药学史上新的科学体系。全书从释名、集解、辨疑正误、修治、气味、主治、发明、附方八个方面概括药物知识，其中尤以“气味”“主治”“发明”最能体现李时珍的创造性。

书中补充了数百种新药，极大地丰富了中药学内容；新增单方、验方八千多个，集我国历代医方之大成，其中许多方剂至今仍发挥着作用。

《本草纲目》对动植物名称、产地、品种、形态、培育及采集方法、药性等做了详细记载，在我国动植物学史上具有划时代意义；对两百余种矿物的产地、性质、开采、冶炼、功效、药用等做了细致梳理，汇集了大量矿物学、冶炼学和化学知识；对食品原料、食品加工、食疗药膳、药酒制作及饮食禁忌、五味禁忌等的记载，成为今天食疗的重要参考资料。

《本草纲目》将我国的本草学、方剂学、医学、药学、植物学、动物学、矿物学等多领域的研究推向了历史新高度。遗憾的是，李时珍没能看到这部著作出版，就与世长辞了。万历二十四年，《本草纲目》在南京印行，迅速风行全国，随后又陆续传到日本、朝鲜、越南、印度及欧洲各国，被译为日、英、法、德、拉丁等多种文字。英国生物学家、进化论的奠基人达尔文将《本草纲目》誉为16世纪的“中国百科全书”“东方医学宝典”，英国科技史家李约瑟称之为“明代最伟大的科学成就”。

1951年，在世界和平理事会上，李时珍被列为“世界文化名人”。2011年，《本草纲目》被联合国教科文组织列入《世界记忆名录》。（吴小伦）

（《本草纲目》）博而不繁，详而有要，综核究竟，直窥渊海。

——［明］王世贞

李时珍墓

位于湖北蕲春蕲门镇东门外，为全国重点文物保护单位。陵园的苍松翠柏掩映着李时珍与妻子吴氏的合葬墓，旁边是李时珍父母的合葬墓。

明万历年间掐丝珐琅
缠枝莲纹多层盒

市井风华

《市井风华》主要讲述了明朝（1368—1644）中后期的故事。

得益于城市商业和市镇经济的发展，市民阶层日益壮大，这成为明朝中后期的一个突出特点。市民阶层崇尚工商致富，崇尚个性和娱乐，厌恶空谈，有着不同于传统士大夫的价值观和人生观。《西游记》、“三言二拍”，以及《牡丹亭》等小说、戏曲风行市井，反映的正是市民社会的姹紫嫣红。

士大夫治学也转向“实学”，出现了《农政全书》《徐霞客游记》《天工开物》等“与科举全无关系”的科学巨著。

利玛窦等西方传教士带来了欧洲的自然科学知识，改变了中国人天圆地方的传统观念和对海外的认知。“隆庆开海”，以及允准葡萄牙人由濠镜澳移居澳门开展贸易，是明朝中后期最具正面意义的两项政策转向。

晚明朝政在总体上极度混乱。皇帝普遍昏聩，大臣结党倾轧，宦官气焰熏天。张居正变法无力改变这种混乱，袁崇焕则冤死在这种混乱的撕裂中。后金已虎视眈眈，加上李自成等农民起义席卷全国，内忧外患的明王朝，最终在风雨飘摇中轰然倒塌。

隆庆开海

隆庆元年（1567年），明穆宗宣布解除自洪武时期以来的海禁政策，海澄成为民间进行合法海外贸易的口岸，史称“隆庆开海”。自此，东南沿海各地的民间海外贸易进入了一个繁荣的新时期。

海禁政策与走私贸易

明朝开国以来的海外贸易，基本上是由官方主持的，民间私下交易被严格禁止。海外各国若要与明朝贸易，必须以朝贡的方式前来。贡物可以换取皇帝的赏赐，而附搭的货物则可在市舶司与会同馆等处交易。民间私造海船出洋经商被明令禁止。

明穆宗画像

但明朝海岸线绵长，难以管理。明朝中期以后，卫所、水寨、巡检司或兵不足额，或战船失修，有些官吏、军兵也渎职枉法，利用手中的权力受贿，甚至直接参与走私活动，出洋犯禁的现象在浙江、福建、广东等沿海地区屡禁不绝。

以福建沿海为例，嘉靖二十三年（1544年）到二十六年，福建人乘船赴日，单是因遇到风暴而漂流到朝鲜的就有千余人，由此可见当时赴日走私的规模。

沿海地区多年的走私贸易，为海盗势力提供了温床。其中一些人勾结日本海盗，劫掠东南沿海，造成了嘉靖末年的倭乱。

明代青花云龙纹银锭式盒

闽人滨海而居，非往来海中则不得食。

——［明］谭纶

海澄开海

生活在福建漳州九龙江河口龙溪、嵩屿两地的居民，向来以航海为生，嘉靖十五年便已凭借捕盗馆发给的凭据，进行合法的沿海贸易。自嘉靖三十六年以来，龙溪县境内的月港连年遭到倭寇和海盗的劫掠。嘉靖四十二年，戚继光奉诏率浙兵入闽平倭，次年平定了月港附近的同安、漳浦。倭乱平定，为月港成为开海港奠定了基础。

倭乱期间，出于军事管制的需要，明朝沿海各处都加强了海禁。嘉靖四十三年，福建巡抚谭纶以照顾福建沿海以捕鱼、贸易为生的贫民生计为由，建议放宽海禁。隆庆元年，福建巡抚涂泽民奏请解除海禁，允许民众至外国贸易，获得朝廷批准，这就是“隆庆开海”。

开放贸易的地点一开始选在漳州府诏安县的梅岭，后来又改到了海澄。海澄是倭乱之后为了加强管理，于嘉靖四十四年新设的县，它是从龙溪、漳浦两县分离出来的，县治就位于月港。因为倭乱刚刚结束，为避免海商勾结倭寇，日本被排除在贸易范围之外。

从海澄出洋的商船持有海防官颁发的“船引”，作为合法出海贸易的凭证。隆庆六年，漳州府开始对进口的货物抽税，后来又陆续增加了对船引征收的引税、根据商船大小向船主征收的水饷、根据货物价值向铺商征收的陆饷，以及专门对前往吕宋（今菲律宾）的船只征收的加增饷等税收名目。万历十一年（1583年）以后，海澄的进出口贸易税额每年都在白银二万两以上。

然而，海澄仅允许当地商民出海贸易，并不接纳外国商船前来。当时非朝贡性质的外国商船，主要停泊在广州附近的海岛进行贸易。而广东虽允许外商前来，却不许商民从这里出洋，恰好与海澄形成互补的格局。

有限的开海

开海后，福建与东南亚诸国的贸易额剧增，福建商人运去的丝绸和瓷器换来了大量白银。据估算，自隆庆开海至明末，流入明朝的白银可能高达1.5亿两。隆庆开海也促进了福建漳州窑的发展，产生了专供外销的瓷器品类——克拉克瓷。福建漳州、泉州二府的许多百姓，随着商业经营移居东南亚各地，在当地逐渐形成了华人社区。

开海时期，走私贸易仍然存在。如朝廷明确

1850年在漳州九龙江的贸易船只

九龙江是福建第二大河，闽南第一大河，月港就位于九龙江的入海口附近。

规定禁止与之贸易的日本，反而因为禁令产生的高额利润，为走私者所青睐。有的福建商人凭借前往别处的船引，在外海转航日本。也有商人在江南购置货物后，由浙江私渡去往日本。

海澄开海最初是为了疏导商民逐利海外的需求，所以选在远离政治中心的地带。后来广州、福州及浙江的部分地方也有官员提议开放类似的港口，但都没有得到允许。

明朝并未将开海一事提到设置海关、管理国际贸易的高度。海澄的规制与管理机构均由福建地方决定，税收也基本完全由漳州府掌握。直到崇祯年间，户部官员才提出海澄的税收可能远超最初的定额，建议将一部分上缴中央财政。

隆庆开海的目的是“寓禁于通”，明朝只开放海澄一地，并限制出洋船引的数量，而且禁止到日本贸易，不允许商民自由出洋，可见控制驾驭仍是明朝对外贸易政策的主基调。不过，自隆庆年间到明朝灭亡，福建地方虽先后在日本侵朝、荷兰侵扰及海盗势力的影响和威胁下，曾数度禁海，但后来又一次次恢复了海澄的开放。

从开海政策的延续性与走私贸易的屡禁不绝可以看出，明朝中后期资本与商品的流动已是大势所趋，传统朝廷律法越来越难以对其进行限制，明朝已不可避免地被卷入全球化的历史进程。

（牛震宇）

东洋与西洋

从海澄出洋，划定的贸易范围分为东、西二洋，大致以漳州—文莱一线为界。东洋主要包括菲律宾群岛各港和文莱，西洋则包括中南半岛、马来半岛、苏门答腊岛、加里曼丹岛西南和爪哇岛。

明代《香山县图》

佛郎机人入居濠镜澳

佛郎机（葡萄牙）人入居广东濠镜澳，给明朝带来了商机和贸易利益，但其中潜藏的国防隐患也让明朝君臣忧心忡忡。经过反复的讨论、考虑，明朝政府最终摸索出了一套行之有效的治澳制度。

佛郎机人钻空上岸

在隆庆年间宣布解除海禁之前，明朝东南沿海一直存在着大量走私贸易。其中从满剌加（今马六甲）驾船来华的佛郎机人，多年来经常非法进入珠江西江口的上川岛一带，从事亦商亦盗的活动。在明朝政府的连番打击下，佛郎机人经过谈判，终于获得了合法贸易的权利。

嘉靖十四年（1535年），为方便管理东南亚各国来华商船的贸易活动，朝廷将广东市舶司设在电白县的外港“舶口”（官方规定的对外贸易港口），转移到了靠近广州府香山县城磨刀门一带的蠔镜澳。“蠔镜”（后来多被雅称为“濠镜”）之名，源于当地人将此处出产的蚝蜊和日月贝等称为蠔镜或海镜。又因为当地有南台、北台两山对峙，就像一道出入海港的大门，所以这里也被称为“澳门”。

16世纪末的澳门

俞大猷联合“夷商”平定叛乱

俞大猷是明代抗倭名将，与戚继光合称“俞龙戚虎”。嘉靖四十三年，潮州柘林水兵因数月未收到粮饷，愤而哗变。他们联合东莞盐徒，进逼广州，局面一度相当严重，史称“柘林兵变”。提督两广军务的吴桂芳请调俞大猷来粤平叛，俞大猷联合“夷商”，妥善部署，兵分三路，在虎门附近的三门海澳彻底歼灭了叛军。

明朝严格规定，所有来华参加市舶司港口贸易的外国船商，都要在船上进行贸易、交接货物，交易完成就驾船离开，不得在港口长期停留或登陆居住，违反者会受到武力驱逐或囚禁。由于佛郎机人船大货多，加上他们原本就怀有侵占明朝领土的阴谋和野心，所以常常以货物未能全部交易，需要上岸晾晒、储存等为借口，贿赂当地官员允许他们上岸居留。

佛郎机人上岸之后，一开始只是非法搭建简易的矮小茅棚草房居住，但是方便之门一旦打开，就一发不可收拾。越来越多良莠不齐、商盗混杂的佛郎机人及其他欧洲人，怀着各种目的来到港口居住，并且逐渐建成了可长住久居的石砌大型房屋街区，甚至建立起了教堂、兵营等，大有将濠镜澳变成佛郎机殖民城镇的趋势。

当广东的主要官员和北京方面发现这一情况时，问题已经变得非常严峻复杂。一方面，来华的佛郎机人给明朝带来了商机和贸易利益；另一方面，利益背后潜藏着国土被侵略的巨大隐患。怎样处置居澳佛郎机人，才能既获得最大的政治经济利益，又能使国土安全得到长久保障，成为明朝君臣需要花时间深入研究、反复讨论的重大问题。

治理濠镜澳佛郎机人的对策

嘉靖四十三年末，抗倭名将、广东总兵俞大猷上书两广巡抚吴桂芳，揭露在濠镜澳的佛郎机商人强行“盖屋成村”，而当地官员长期姑息。他建议派两支军队水陆并进，将这些强盗式入居的外夷全部消灭或驱逐。但这种方法较为简单粗暴，有因噎废食之险而未被采纳。

嘉靖四十五年，生于广州府南海县的浙江巡按监察御史庞尚鹏，给明世宗紧急上奏疏，指出在短短几年间，佛郎机人在濠镜澳建造的房屋已经成百上千，人口上万，对明朝的安全构成了空前的威胁，必须及时采取措施，以保万世安全。他提出曾经有官员试过两种办法：一是用巨石阻塞濠镜澳港口，不让佛郎机船进入，但这种方法工程浩大，缺乏可行性；二是焚烧清拆佛郎机人所建房屋，强行将他们赶走，但此举差点酿成大祸，最后也以失败告终。

庞尚鹏又说，有人提出过第三条对策，即在濠镜澳与雍麦（陌）之间的山径险要处，设一座关城，使华人不得擅入，佛郎机人不得擅出。但庞尚鹏认为这座关城孤立无援，不但无用，反而会被佛郎机人用作进攻的堡垒。因此，他认为切实可行的是第四条对策：恩威并施，多给佛郎机人财物，让他们自己拆屋撤退，重返浪白澳（濠镜澳西南的海岛，佛郎机人船舶的临时停靠处），仍以原来的方式在港口的船上交易货物和缴税。

福建泉州俞大猷公园

17世纪初的澳门

庞尚鹏的这个建议遭到众多官员的反对，而在研究讨论处置佛郎机人的相关政策的过程中，佛郎机人趁机将非法占地、建屋成城的活动延长了十几年。

万历完成治澳制度

隆庆五年（1571年），庞尚鹏的同乡霍与瑕写了一篇著名的政论文章《处濠镜澳议》，提出了治理濠镜澳佛郎机人的新对策。霍与瑕是礼部尚书霍韬之子，嘉靖三十八年进士，对家乡濠镜澳的情况非常了解，他主张必须结合仁道、义理、智慧、权变四方面，来规划处置佛郎机人的政策与制度。

霍与瑕分析了当时应对濠镜澳问题的三种策略：上策是在濠镜澳附近建立一个新的特别县城，以便设立专门管治濠镜澳的县官来就近管治；中策是将佛郎机人全部驱逐出境，不准再来；下策是以断绝濠镜澳的粮食供应等办法，迫使佛郎机人发生变乱，然后出兵消灭。他认为可以对佛郎机人假意实行中策，迫使他们自愿接受明朝的管治，实行上策，对其实行建城设县治理。这样不用动武，就既可以实施对佛郎机人的仁政，收到加强海岸安全的效果，又能达到增加地租与贸易税收，从而解决广东地方财政困难的目的。

到了万历初年，明朝沿海的大部分海盗都被消灭，相较于霍与瑕的建议，朝廷和广东政府实施了一条更加节省成本的政策，即不用在原来的濠镜澳附近另外建立新县城，仍然由香山县管治这些佛郎机人。方法就是将濠镜澳的佛郎机人，连人带船以及“澳门”之名，一起迁移到距离香山县城较远、地方偏僻狭小的今澳门半岛中南部。这样一来，只需要动用很少的人力物力，就足以实施对佛郎机人的有效管治。

万历二年（1574年），明朝政府在澳门半岛北部连接内地的狭窄的莲花茎，建立起带有城墙和驻军把守的关闸门，作为控制人员与物资从陆路进出澳门半岛的咽喉门户。同时还将定居澳门半岛的城乡华洋居民，分别编入要缴税服役的乡里街坊户籍。其中澳门街坊的佛郎机人，每年的定额租税是515两白银，这笔钱由香山县负责征收，并上缴北京的户部国库。当年编制的《万历赋役全书》中，记录了佛郎机人每年应缴纳的税额，并且规定佛郎机人的房屋与户数不准擅自增加。有关澳门半岛的地租、治安、司法等行政管理，全部纳入香山县令管辖的城坊乡里系统中。

明清治澳成效

万历三十六年，香山县令蔡善继亲自到澳门调查研究。为应对澳门佛郎机人的一些违法动向，他及时制定《制澳十则》，经上司批准后实施，有效地维持了香山县政府对澳门佛郎机人的管治。

万历四十一年七月，专门负责海防及海关税收的海道副使俞安性，奉两广总督及广东巡按之命，率领军队与船队包围澳门半岛，清查并驱逐了被佛郎机人非法引入澳门居留的98名日本人，并传令佛郎机人，必须严格遵规守法，否则要受严惩乃至被驱逐出境。俞安性又制定《海道禁约》五条，佛郎机人议事会表示接受，并将法令的中文本及葡文译本刻为石碑，分别竖立在议事会和街道上。俞安性命香山县令照法令落实执行，从此非法入居澳门半岛的华洋居民、天主教传教士都被依法驱逐，他们违规建造的教堂、城墙炮台、房屋等，也被明朝官员下令拆除。

天启元年（1621年），明朝政府又在关闸以北建立前山寨，由寨中最高军事长官统管关闸和澳门及其周围各岛的海陆军队防务。濠镜澳的“澳门”之名被移用到澳门半岛，其原址却在历史的沧桑巨变中逐渐不为人所知了。

事实证明，明朝为处置非法入居原濠镜澳的佛郎机人，整个政策和策略的反复探讨与最终的修正落实非常成功，佛郎机人稍有违规越轨的行为，都会受到及时的惩罚与制止。即使到了明朝灭亡，清朝继起，澳门的佛郎机人都不敢也无法趁机作乱，原因就在于清朝全面继承发展了明朝的治澳制度。

（谭学超　马晓菲）

清嘉庆年间绘制的《澳门图说》（局部）

继承明朝政策的清朝政府在鸦片战争前一直对居住在澳门的葡萄牙人进行严格管治。

张居正改革

因明神宗登基时年纪还小，辅政大臣、内阁首辅张居正成为明朝的实际掌权者。张居正为挽救明朝，缓和社会矛盾，在政治、经济、国防等方面推行了一场变法改革。这场改革历时十年，在一定程度上延长了明朝的国运，但在张居正去世后便被终止。

跻身内阁

张居正画像

嘉靖四年（1525年），张居正出生于湖广江陵（今湖北荆州）。他出生前夕，祖父梦见一只白龟浮现在波光荡漾的水面上，于是他出生后便被取名为张白圭。张白圭自幼天资聪颖，有"神童"的美誉。十二岁时，张白圭参加童试，考中秀才，因机敏伶俐，深得荆州知府李士翱的喜爱。李士翱给他改名为"居正"，期望他长大后尽忠报国。十六岁时，张居正参加乡试，一举中第。二十三岁时，他又通过了会试和殿试，考中二甲第九名，被授予翰林院庶吉士之职。

张居正两次乡试

嘉靖十六年，十三岁的张居正前往省城武昌第一次参加乡试。时任湖广巡抚顾璘看过他以前的文章，一见到他，便把自己系着的犀带解下来送给了他，还说张居正以后是要系玉带的人，自己的犀带委屈他了。在明代，官员的腰带是由其品级决定的，只有一品大官才能用玉带，由此可见顾璘对张居正的欣赏和重视。然而这次乡试张居正却在顾璘的阻挠下落榜了，因为顾璘想对张居正多加磨砺，以期他日后成为大器。三年后，张居正第二次参加乡试，一举得中，当时他年仅十六岁。后来，张居正果然腰系玉带，还成为内阁首辅，权倾天下。

嘉靖二十八年，年仅二十五岁的张居正给明世宗上了一道《论时政疏》。在奏疏中，他针砭时弊，系统阐述了自己改革政治的主张，但这些主张并没有引起明世宗和当时的内阁首辅严嵩的重视。

严嵩倒台以后，徐阶接任内阁首辅。在他的推荐下，张居正成为当时还是裕王的朱载垕的侍讲。由于明世宗晚年未立太子，按照宗法制度，皇位将由裕王接替。因此，担任裕王府的讲官，就意味着很容易接触未来的皇帝。果然，明穆宗即位后，张居正以裕王府旧臣的身份，晋升为吏部左侍郎兼东阁大学士，进入内阁，参与朝政，又于同年四月升任礼部尚书、武英殿大学士。

隆庆六年（1572年），明穆宗驾崩，遗命高拱、张居正、高仪等人共同辅佐太子朱翊钧。高拱与司礼监太监冯保素有矛盾，想和张居正一道驱逐冯保。不料张居正早已与冯保结盟，最终高拱被罢职回乡，张居正取而代之，成为内阁首辅。

推行改革

朱翊钧即位之后改年号为万历，是为明神宗。当时明神宗只有十岁，在他和太后以及冯保的支

《剪彩为花》

此图出自清代彩绘本《帝鉴图说》，讲述隋炀帝建造西苑时极尽奢侈浪费的故事。张居正以此教育明神宗要引以为戒，厉行节俭。

持下，张居正掌握了明朝的中枢大权。他针对时弊，开始在政治、经济、军事等领域推行一系列改革。

张居正改革首先是整顿吏治。万历元年（1573年），为提高官僚系统的行政效率，改变官场不求实效的积弊，张居正提出了“考成法”，规定各衙门在办理事务之前，要根据事情的轻重缓急，制定出一件事务的最后完成期限，并记录在文簿上。事情如果在规定期限内完成，便在文簿上注销，如果没有按期完成，便要进行处罚。此外，为防止徇私舞弊，张居正规定文簿要再造同样的两份，分别呈送给六科和内阁，以备监督。“考成法”推行后取得了显著成效，官员的办事效率明显提高。

整顿吏治改革推行后不久，张居正又将改革重点转向财政领域。此前由于嘉靖、隆庆两朝，明朝在南北两条战线上同时与倭寇和蒙古作战，国库长年入不敷出。为改变财政亏空的局面，张居正双管齐下，一方面裁减冗官冗费，减少不必要的财政开支，同时加强边镇钱粮管理，控制军费支出。他还时常鼓励明神宗要厉行节俭，减省宫廷用度。另一方面，张居正要求地方官员积极清理历年拖欠的赋税，并针对官僚地主豪强占据大量土地却瞒报不缴纳赋税的情况，下令重新丈量土地，尤其是之前未缴纳税粮的土地，都要全部进行清丈。万历六年，清丈工作在福建开始试点，并于三年后在全国范围内展开。清丈之后，明朝全国的土地面积比清丈前多出了一百八十余万顷。

张居正在财政方面的重要改革，是推行“一条鞭法”。“一条鞭法”又称“类编法”或“条编法”，就是将赋税、徭役和其他杂税合并，按照田亩数折算成白银缴纳。在实施“一条鞭法”前，赋税和徭役是分开征收的，赋税按照田亩进行征

治理之道，莫要于安民。安民之道，在于察其疾苦。

——［明］张居正

隆庆和议

明朝立国之后，一直视蒙古为最大的威胁，并严加防范。由于游牧经济类型单一且脆弱，蒙古部落的许多生产和生活用品需要依靠内地供给，因此明朝中期以来，他们常常武力犯边，掠夺物资。但此举往往会招致明朝的报复，双方都为此付出了巨大代价。于是蒙古转而谋求与明朝达成通贡互市，即以向明朝朝贡来换取明朝开放边境自由贸易，想要以和平手段来获取所需物资。隆庆四年，蒙古鞑靼部首领俺答汗借孙子把汉那吉投奔明朝的契机，与明朝展开谈判。

隆庆开海的成功使明朝认识到用经济手段解决矛盾争端能收获比军事手段更优越的成效，于是在高拱、张居正等内阁辅臣的筹划下，明穆宗摒除民族偏见，与俺答汗达成和议。隆庆五年，明朝册封俺答汗为“顺义王”，并开放十一处边境贸易口岸，俺答汗则严命鞑靼各部不得侵犯明朝。隆庆和议结束了明朝与蒙古近两百年的敌对状态，此后直到明朝灭亡，明、蒙之间虽然偶有冲突，但再也没发生过大规模战争。

收，徭役按照户丁进行征收。实行“一条鞭法”后，将赋、役合并，简化了征税程序，并在一定程度上减少了地方官贪污的机会。

“一条鞭法”的施行，增加了政府的财政收入，缓解了经济危机，而且田赋除了苏、松、杭、嘉、湖等地，都不再征收粮食而全部改为征收银两，从而使大量农副产品进入市场，刺激了商品贸易和货币流通。

在整饬边防方面，张居正加强了与蒙古之间的政治经济联系。隆庆和议之后，明朝在大同、宣府等地设立互市，与蒙古进行贸易，北部边疆二十余年未发生战事。

张居正倚重抗倭名将戚继光，调其北上镇守蓟门。戚继光在蓟门镇守十六年，训练士兵，修建堡垒，极大地加强了边境的守备力量。张居正还任用名将李成梁镇守辽东。李成梁作战能力极强，善于指挥御敌，多次平息东北少数民族的进犯。他还采用各种手段消除少数民族对明朝的威胁，保卫了东北边境的安宁。此外，张居正又下令在西起居庸关、东至山海关的长城上，修筑碉堡三千余座，使明朝北方的边防更加巩固。

身死政亡

张居正大刀阔斧的改革触及了豪强权贵阶层的利益，遭到他们的强烈反对。万历四年，辽东巡按御史刘台上疏弹劾张居正擅权，违背祖制，夺皇帝之威。但这封奏疏并未让明神宗对张居正产生反感，明神宗反而下令锦衣卫将刘台逮捕并削职为民。

万历五年，张居正的父亲逝世。按照惯例，官员的父母去世，需回家守丧三年，但此时正处于改革的关键时期，明神宗和皇太后苦苦挽留，张居正只好“夺情”留任，让自己的儿子回去奔丧了。一直对张居正怀恨在心的官员趁此机会上奏，说张居正不守孝道，禽兽不如，甚至还有人在街上张贴小报，谩骂中伤张居正。最后，明神宗下令此后再有弹劾张居正、反对张居正留任的一律处死，此事才得以平息。

但是，由于张居正对此时的小皇帝明神宗非常严厉，明神宗开始对张居正心生不满。

有一次，明神宗读《论语》，把“色勃如也”的“勃”读成了“悖”，旁边的张居正立即厉声训斥道：“应该读‘勃’！”他的声音大得把明神宗吓了一跳，周围的人也都大惊失色。

还有一次，明神宗和身边的两个小太监深夜

《任贤图治》

此图出自清代彩绘本《帝鉴图说》，讲述了上古贤君尧任用贤臣，天下太平的故事。张居正用这个故事教育明神宗要亲贤远佞。

醉酒，在宫中胡闹，结果第二天就受到了皇太后的严厉斥责。张居正还将明神宗身边陪着玩耍的太监全部调走，并逼着明神宗下罪己诏，让他进行公开检讨。

张居正以天下为己任，日夜操劳，在巨大的工作压力下，他的身体每况愈下，最终积劳成疾，于万历十年六月病逝，享年五十八岁。他死后，明神宗下诏罢朝数日，并赠上柱国、太师衔，赐谥号“文忠”。

张居正一死，二十岁的明神宗开始亲政。一直生活在张居正的阴影下，对张居正心怀畏惧的明神宗再也隐忍不住了。半年后，明神宗将司礼监太监冯保逐出京城，发配到南京孝陵种菜。对冯保的处分是一个信号，之前对张居正不满的大臣趁此机会纷纷上疏弹劾。

万历十一年八月，明神宗下令追夺张居正的封赠和谥号，并罢免了一批与张居正关系密切的大臣，张居正的儿子则被贬为庶人。第二年四月，明神宗又下诏查抄张居正的家产。京城官员还未到达张居正的家乡江陵，明神宗就令当地官员将张府封锁，不许人员外出。等到查封的官员赶到时，张府的十几个老弱妇孺已经被活活饿死。张居正的长子因忍受不了严刑拷打，上吊身亡，其余人员则被发配到边疆地区充军。

张居正前后十余年的改革，使明朝的财政收入有了显著的增加，社会经济有所恢复和发展。但是改革也触动了很多官僚、缙绅的既得利益，因此遭到了强烈对抗。张居正被抄家后，他的改革措施逐渐遭到破坏，明朝的社会危机也愈加严重，改革以失败告终。

（杜明鑫）

《帝鉴图说》

《帝鉴图说》是明朝内阁首辅、大学士张居正亲自编撰，供当时年仅十岁的小皇帝明神宗阅读的教科书。这本书选取了历史上117个帝王为政的小故事，每个故事都配以形象的木刻版画插图。全书分上、下两篇，从正、反两方面教育小皇帝如何做一代明君。

潘季驯治河

黄河在历史上频频决堤、改道，造成了深重的灾难。明代著名水利专家潘季驯，自嘉靖末年至万历年间，四任总理河道，治理黄河颇有成效。他的治河理论，对后世也产生了很大影响。

受民爱戴

张居正去世后，遭到明神宗的清算。有些官员对张居正被抄家的惨况心生不忍，上疏为他求情，结果受到明神宗的处罚。张居正主政时期任用的治水专家潘季驯就是其中一位。

潘季驯是浙江乌程（今浙江湖州）人，嘉靖二十九年（1550年）入仕，任九江府推官，负责司法工作。在复核案件时，潘季驯发现乡民刘云四一案疑点重重。经过一系列明察暗访和案情取证，他确定刘云四案是一桩冤案，于是重新审理，将刘云四无罪释放。这件事一时间轰动了九江，百姓无不交口称赞。

不久，潘季驯发现浔阳驿站位于交通要道，接待任务繁重，驿卒和附近百姓既出钱出物，又过度承担劳役，负担沉重。百姓对此怨声载道，人心浮动。潘季驯果断进行改革，将民户需要承担的劳役和物品全部折算成钱币，一次性缴给官府，然后由官府负责招募驿卒，采购物品，开展各项工作。此后，驿卒流动减少，安心公务，民间也安于经商和务农，效果很好。

嘉靖三十八年，潘季驯远赴倭寇、盗贼横行的广东，任巡按御史。当时广东境内的兵将都难堪大用，百姓生活哀苦，危机重重。潘季驯通过调查，发现倭乱和民变的根源在于地方官员徇私枉法，鱼肉百姓，于是主张慎重遴选地方官员，并强调说："只有选择贤明的地方官员，百姓才能安居乐业，社会秩序才能太平如常。"

潘季驯画像

随后，潘季驯一面裁减尸位素餐之人，一面严厉处理贪官污吏。许多贪官惴惴不安，纷纷逃离广东，官场风气为之一新。潘季驯还将在驿站改革的经验推行于广东，一定程度上减少了百姓的负担和基层官吏对百姓的盘剥，受到民众的热烈欢迎。他离开广东之时，沿途挽留的民众绵延百里有余。

潘季驯地方任职的政绩和经历，既获得了朝廷的肯定，也深化了他为民请命、为国效命的使命意识和担当精神，更造就了他调查得真知的工作原则，这对他后来治理黄河有极大的帮助。

黄河水患

自古以来，黄河就经常因为泥沙大量淤积而决口、改道，泛滥的河水北达海河，南越淮河，河道变迁之大，决水施灾之巨，历史上都罕有能

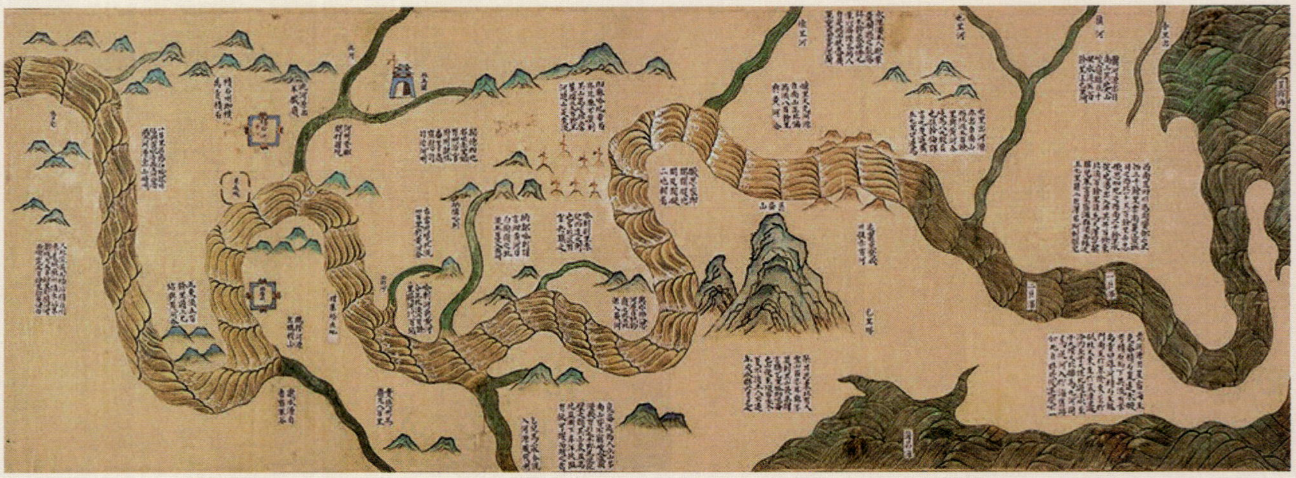

［明］潘季驯《河防一览图》(局部)

《河防一览图》系统总结了潘季驯的治河经验，深刻影响了后世的治河方针与河工实践。

与之匹敌的。如何治理黄河水患，成为历朝历代令人头疼的难题。

明朝建立后，黄河下游河道处于此淤彼决、分合不定的紊乱状态。在今山东西南部、河南东部、安徽北部、江苏北部的广袤大地上，黄河干流有时多股分流，有时经元末贾鲁旧道汇入淮河，有时由涡河、颍河注入淮河，有时又北上山东流入运河。这一状况延续至潘季驯生活的嘉靖、隆庆、万历三朝仍未改观，甚至在有些年份，河道动荡得更加剧烈。

从嘉靖九年开始，黄河频频在山东、江苏等地决口。决水流向不定，有时还分成好几条小河道，淹没城乡，吞噬生命，壅塞河道，妨碍南粮北运，造成了极为深重的灾难。收束河水，使其沿着稳定的河道流动，成为一项关系国计民生的紧迫任务。

“以水攻沙”

嘉靖四十四年，潘季驯升任总理河道，从此踏上四次治河之旅。在多年的治河历程中，他以“壮于斯，老于斯，朝于斯，暮于斯”的精神，栉风沐雨，披霜戴露，调查走访，实地勘察，足迹遍布治河地域。他勤于思考，不断创新，终于探索出了新的治河之法，并取得了积极成效。

潘季驯根据黄河“一斗水，六成沙”的特点，摒弃了明代长期推行的分流治河的方法，提出河道宜合不宜分，主张“以堤束水，以水攻沙”。通

缕堤、月堤、遥堤、格堤示意图

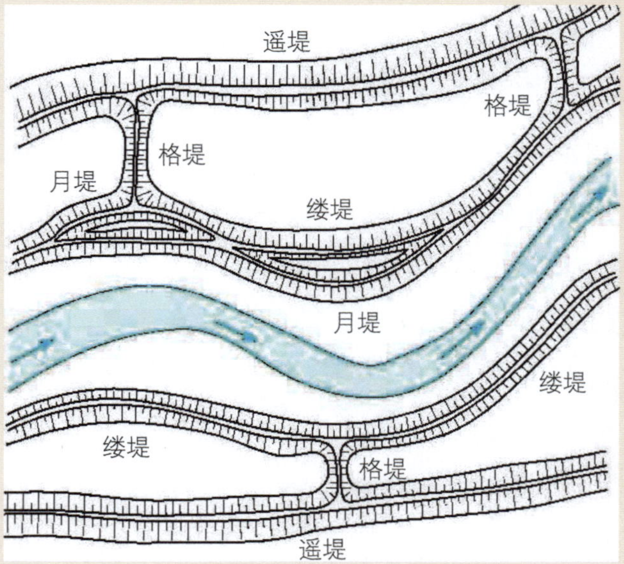

俗地讲，就是将河水束于一道，增大水量，加快流速。这样不但可以让河水自带的泥沙随水流前行，河床泥沙也会被急流冲走。如此一来，河更深，岸更高，自然不易决溢成灾。

为了达到“以水攻沙”的目的，潘季驯特别重视堤防的建设。为此，他创造性地修筑了缕堤、月堤、遥堤、格堤四种堤防。

缕堤临河而筑，可拘束寻常洪水；月堤形如半月，设在险要或单薄的堤段，以备河水顶冲；遥堤修在距河岸较远处，以阻拦特大洪水；格堤状似格子，又称横堤。缕堤和遥堤相隔较远，即便河水冲决堤岸，决水也可顺遥堤而流。而且水归河槽后，堤内泥沙淤积，地势增高，还能达到淤滩固堤的效果。

为确保堤防的质量，潘季驯要求施工时必须用真土（一个地方自然形成的土壤，外地来的土被称为客土）来筑造堤防，将堤防筑高筑厚，并夯杵坚实。同时严令禁止在堤防附近取土，避免地形凹陷积水，损坏堤根。堤防筑好之后，潘季驯命人以四防（昼防、夜防、风防、雨防）二守（官守、民守）等法勤加维护，又不时用铁锥筒掘探，检测堤防质量，以延长堤防的使用寿命。

蓄清刷黄

在黄、淮交汇处，潘季驯提出了“蓄清刷黄”的主张。他认为，清口（今江苏淮安西北）是黄、淮交汇及运河流经之处，地位非常重要，不能淤塞。因为“淮清河（黄河）浊，淮弱河强”，要保持清口通畅，必须让淮河水由清口流出，这样才能阻挡黄河泥沙的沉淀。

因为黄、淮之水自西而来，潘季驯多次加固洪泽湖东岸的高家堰，抬高湖水水位，又在淮安以北修筑东西向的堤防，阻挡黄河水南下。最终通过水流自身的搬运功能，“以水攻沙”，黄河由清口东流入海的设想得到实现，验证了潘季驯治河理论的科学性和可行性。

受时代所限，潘季驯没有对泥沙的主要来源地——黄河中游进行治理，“黄强淮弱”的实际状况也弱化了“蓄清刷黄”的效果，在他卸任总理河道以后，黄河决溢改道仍有发生。但潘季驯提出的“筑堤束水，以水攻沙”的治河理论，以及他推行的相应的堤防建设和修守制度，为当时的黄河治理做出了重大贡献，扭转了明代以来黄河河道反复多股分流和频繁决溢的混乱状态，也深刻影响了后世的黄河治理。（吴小伦）

京杭大运河

明清时期的京杭大运河南起杭州，北到北京，途经今浙江、江苏、山东、河北、天津、北京六省市，贯通钱塘江、长江、淮河、黄河、海河五大水系，对于南北之间的经济文化交流起到了巨大作用。

河南三门峡境内的黄河

黄河从上游携带大量泥沙，河水流至此处时，水面呈黄色。

明代《入跸图》

《入跸图》描绘了明朝皇帝拜谒祖宗陵寝后归来的盛景，与描绘皇帝出京的《出警图》合称《出警入跸图》。这两幅画全长50多米，场面宏伟，构图规整，应为许多宫廷画师合力创作。

万历抗倭援朝

万历二十年（1592年），日本侵朝，朝鲜向明朝求援。明军两次援朝东征，最终将日军赶出了朝鲜。这场发生在万历年间的抗倭援朝战争，明朝统称为“朝鲜之役”。整场战争历时近七年，对中、日、朝三国的历史产生了深远影响。

丰臣秀吉的野心

16世纪末，统一日本、终结日本战国百年分裂局面的大名（日本封建时代的大领主）丰臣秀吉企图对外扩张、称霸亚洲，他派人出使朝鲜，要求朝鲜臣服，并为日本担任征讨明朝的向导。

万历十九年，赴日的朝鲜通信使带回了丰臣秀吉扬言征明的国书。收到国书后，朝鲜的一些大臣认为，日本诡称借道朝鲜征讨明朝，其实意在入侵朝鲜。但朝鲜国王李昖（yán）不以为意，并没有认真加强防备。

壬辰倭乱

万历二十年，丰臣秀吉悍然发动侵略朝鲜的战争。四月，十多万日军渡过对马海峡，在朝鲜釜山登陆。这一年是农历壬辰年，所以此次战争被朝鲜称作“壬辰倭乱”。

丰臣秀吉画像

当时朝鲜军备松弛，对战争毫无准备。两国之间贸易往来频繁，朝鲜根本想不到日本会突然发动战争。日军登陆朝鲜后不到一个月，就接连攻占了许多州县，直逼王京（今韩国首尔）。在日军的猛烈攻势下，朝鲜国王李昖匆忙北逃，一直逃到了毗邻辽东的义州，并派遣使臣向宗主国明朝求援。

六月初，明朝命辽东都司调派数千兵马入朝援助，先锋游击史儒、副总兵祖承训等人先后率兵渡过鸭绿江。明军抵达平壤附近时，天降大雨，道路泥泞，骑兵难以发挥威力。而且明军不熟悉

上下五千年

地形，虽攻入平壤城，却被守城日军击退。两军初次交战，史儒战死，祖承训也折损了很多人马，被迫退出平壤。为了争取时间，明朝派遣游击将军沈惟敬两次前往平壤，与日军统帅小西行长等人就封贡事宜进行谈判。

八月，明朝任命兵部右侍郎宋应昌为经略，负责运粮、调兵。到了年底，明军集结完毕，刚刚平定宁夏叛乱的李如松被任命为东征提督，率领明军主力跨过鸭绿江，联合朝鲜军队，再次进军至平壤城外。

平壤是朝鲜中部重镇，西北枕山，大同江穿流而过，北面的牡丹峰更是险峻。日军统帅小西行长事先在平壤城内与牡丹峰上修筑了可以发射鸟铳的工事，防守十分严密。

李如松画像

开战头两天，双方进行了试探性攻击，互有胜负。第三天黎明，李如松一声令下，明、朝联军约四万人同时发起进攻。一时间大炮齐发，火箭纷飞，战马奔腾，尘土飞扬。明军对平壤城展开围攻，李如松亲率部下进逼城下，指挥战斗。明军奋勇攻城，大将吴惟忠胸中弹丸，依然指挥战斗。老将骆尚志脚被守城日军的巨石击伤，仍然不顾伤痛，向上攀登。日军抵挡不住明军的猛烈攻势，含毬门被率先攻破。明军爬上城墙，插上了明军的大旗。

随后明军又攻破了七星门，李如松整军入城。明、朝联军蜂拥而入，四处拼杀。但日军退守内城，借助工事顽抗。战斗中，李如松的坐骑中弹而死，他换了匹马继续指挥战斗。明军士气振奋，将士们全力拼杀。傍晚，明军撤兵回营。小西行长见大势已去，趁夜带领日军残兵退出平壤，渡过大同江，向南逃往汉城。

宁夏叛乱

宁夏是明朝北部边境九个军事重镇之一，主要是为防御蒙古人。宁夏副总兵哱拜本是蒙古鞑靼部的一个酋长，后来投降明朝。他镇守宁夏时，培养私兵，目无法纪，十分骄横。万历二十年二月，哱拜因唆使军队暴动、冒领军饷而遭到弹劾，于是与其子勾结河套地区的蒙古部落，发起叛乱，攻占了黄河以西的多座城堡。四月，明神宗命总兵李如松率军进剿。李如松是名将李成梁的长子，作战果敢，当年九月便将叛乱全部平定。

［明］仇英《倭寇图》（局部）

平壤之战，明、朝联军大胜，杀敌数千人，夺得战马两千多匹，还救出了许多被俘的朝鲜百姓。接着，联军又乘胜收复了开城。

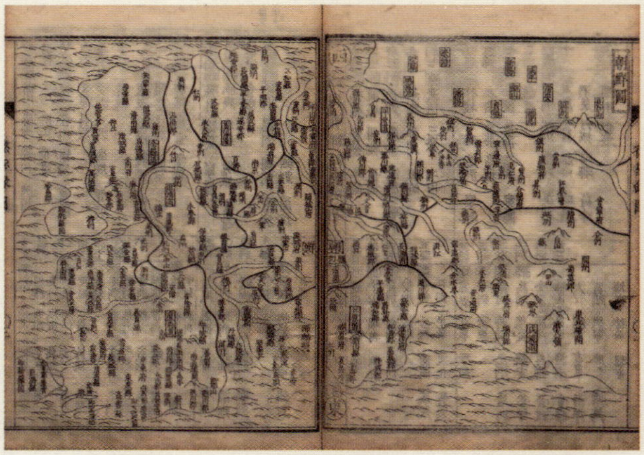

朝鲜柳成龙《惩毖录》中的《朝鲜图》

拖延三年的和谈

平壤和开城的收复，极大地鼓舞了明、朝联军的斗志。主帅李如松想要一鼓作气，拿下王京汉城。他不听经略宋应昌的话，径自率军向汉城进发。

在明军主力尚未完全渡江的情况下，李如松率领部下渡过临津江，亲自查看通往汉城的道路。听闻前军在汉城西北的碧蹄馆附近与日军相遇，他立即带兵驰援，不料遭遇日军大部队。四千明军凭借骑兵优势，一度和数万日军打得有来有回，斩杀日军多员大将，但最终还是寡不敌众，被迫撤退。

《朝鲜军阵图》（局部）

此图描绘的是明、朝联军围攻蔚山倭城的日军的场景。

碧蹄馆之战是明军第一次援朝战争的转折点，此役明军损失颇多，李如松锐气受挫，明军退驻开城，与驻守汉城的日军形成对峙局面，战争进入相持阶段。

万历二十一年三月，日军因难以进取，粮饷不济，有意南撤，于是请求和谈。明军经略宋应昌赞成和议，但提出了议和条件：日军完全撤出朝鲜；送还被俘的朝鲜王子及大臣；日后可封丰臣秀吉为日本国王。他派沈惟敬等去汉城与日方会谈。和谈期间，日军撤离汉城，明军李如松大军撤回辽东，仅留部分军队扼守朝鲜军事要地。但双方因谈判诉求差异悬殊，展开了漫长的军事对峙与交涉，明朝也因朝中的各种批评更换了两任经略。

由于明、日双方语言不通，会谈主要在沈惟敬和小西行长之间进行。两人担心谈判失败，为了尽快达成协议，伪造了一份日本的降表。明朝君臣对这份降表非常满意，经过与日方使者的会谈，达成协议。

万历二十四年九月，明朝册封使者抵达日本。丰臣秀吉发现自己除册封以外的所有要求均未得到满足，于是以朝鲜王子、重臣都没有前来为由，拒绝接见随行规格较低的朝鲜通信使，并致书明神宗，将交涉破裂的罪名推到朝鲜头上，扬言要发兵征讨。明神宗得知被骗，下令将沈惟敬逮捕处斩，日方小西行长则在丰臣秀吉的小妾等人的调解下，侥幸逃过一劫。

丁酉再乱

万历二十五年，日军再度入侵朝鲜。应朝鲜请求，明朝再次出兵援朝。这一年是农历丁酉年，所以这次战争也被称为“丁酉再乱”。

这次入侵，日军准备充足，当时在朝鲜的明军数量远不如日军，朝鲜也没有给予足够的重视，城市相继沦陷。当年七月，日军在漆川梁海战中击败朝鲜水军，随后向全罗道展开进攻。明将杨元驻守的南原城被攻陷，全州守将弃城而逃。九月，明军在稷山与日军交锋，击退了日军，日军向南撤退。

到了年末，明朝援军陆续到达朝鲜，与朝鲜组成联军，突袭庆尚道东南的蔚山。联军两天内就攻陷了日军外围工事，将其压制在蔚山倭城内。此时明军士气正盛，而日军还未加固城防，明军一度攻破外围土墙，但后续部队没有跟上，最终没有攻入城内。此后联军多次进攻受阻，便转而改用围困的策略。蔚山倭城内粮草不足，也没有水源，但连日的大雨给了日军喘息之机，十多天后，日军援兵赶来，联军撤围。

小西行长画像

此后几个月，明朝陆续增派部队入朝。万历二十六年八月，丰臣秀吉病死，在朝鲜的日军得知消息，纷纷准备撤退。明、朝联军见状，兵分四路，从陆、水两方面，对驻守在蔚山倭城、顺天倭城、泗川倭城等沿海地区的日军展开夹击。但由于指挥失误，联军互相之间缺乏配合，败多胜少。

当年十一月，日军小西行长部打算通过海路撤出朝鲜，结果在海上遭到明、朝联军的封锁。小西行长派人请求援兵，在朝鲜名将李舜臣的建议下，明军将领陈麟设兵埋伏。十一月十八夜，日军果然有数百艘战船前来，试图接应小西行长，在露梁海峡与明、朝联军遭遇。陈麟与老将邓子龙、李舜臣密切配合，带领联军英勇奋战。战斗从夜间一直进行到次日上午，战况激烈。联军用火攻取得重大胜利，但朝鲜名将李舜臣和明朝老将邓子龙在战斗中先后阵亡。露梁海战后，日军撤出朝鲜，万历援朝战争结束。

明朝两次出兵援朝，沉重打击了日本侵略者的气焰和野心，对维护区域和平与宗藩体系影响深远，被朝鲜君臣誉为“再造之恩”。但明朝也为此付出了极大的代价，辽东兵马因战争遭到很大损耗，客观上改变了明朝北方边境与女真等势力的力量对比。（牛震宇）

倭城

入侵朝鲜期间，日军为了扼守军事要地，方便统治，在朝鲜半岛修建了一些日本风格的城堡，即所谓的倭城。倭城大多建有倾斜的石制外墙，防御力较强。

播州之役与“改土归流”

播州之役是明朝在万历年间打败播州土司杨应龙叛乱的一场战争。播州平定之后，明朝废除西南各少数民族地区的土司制度，改由中央政府委派流官，直接进行统治，实行和内地相同的地方行政制度，这就是“改土归流”。

土司制度与播州

土司制度由来已久。元朝以前，历代王朝已经在西南少数民族地区采用“以土官治土民”的方法管理地方，元朝以后逐渐形成制度。皇帝任命“土司”为一地长官，并让其子孙世袭官位，掌管军政大权，治理当地百姓。土司定期向皇帝朝贡，维持君臣关系。

土司制度本是为了守土安邦，但土司在地方上拥有绝对权力，进行行政管理，征收税赋，组建军队，像一个个独立王国，极易形成威胁大一统政权的割据势力，因此土司制度成为中央王朝与地方政权之间的矛盾根源。

播州是现今贵州遵义一带，位于四川、贵州、重庆之间，山川险要，广袤千里。唐僖宗时，播州一带被南诏国占领，杨氏家族杨端应召讨伐。杨端英勇过人，带领族人收复失地。唐僖宗论功行赏，任命杨氏为土司，领管播州，世居此地。

杨氏家族家风严谨，施政从宽，历经宋、元、明等朝，将播州治理得欣欣向荣。播州物产丰富，良田、庄园、畜牧、纺织、冶铁等应有尽有，人口繁多，贸易繁荣，史载“播称沃土，人人垂涎”。

贵州四大土司

播州土司是贵州历史上的一个土司政权，其统治者为杨氏。水西罗氏土司、水东安氏土司、播州杨氏土司、思州田氏土司并称贵州四大土司。

傩戏面具

杨应龙割据一方

隆庆五年（1571年），杨氏第二十九代家主

贵州遵义播州土司城全景

丽江土司木府议事厅

丽江第七代土司阿甲阿得归降明朝后，被明太祖任命为云南布政司丽江府知府，并赐予木姓。

杨应龙承袭父职，几次跟随明朝征伐出战，功勋卓著。随着声名日益显赫，本就树大根深的杨应龙野心膨胀，一改祖辈的家训，骄横无度，倒行逆施。杨应龙利用特权，一再欺压播州领地内的“五司九姓”——这些都是当地颇有声望的世袭贵族，相当于小土司。另外，杨应龙还收买“苗兵”，来加强自己的武装力量，倚仗权势肆意欺压官民。有不满告发的，杨应龙就发兵围剿，地方上怨声载道。

杨应龙的宠妾田氏为人刻薄，屡次污蔑正妻张氏与他人有奸情。杨应龙生性跋扈，听信谗言，将张氏逐出家门还不解恨，更趁醉酒时，将张氏及岳母全部斩杀。张氏家族因此与杨应龙结下不共戴天之仇。

张氏本是明朝敕封的诰命夫人，杨应龙此举可谓大逆不道，藐视君王。张氏家族联合当地与杨应龙积怨深重的土司一起告御状，状告杨应龙凌虐治下的百姓，杀妻弑母，意图谋反。罪行如此昭著，朝廷本应下令严格审查，然而此时西南蛮夷叛乱不断，正是需要杨应龙出力之时，于是本该第一时间遭到处罚的杨应龙，却得到了朝廷的包庇袒护。

万历十八年（1590年），贵州巡抚叶梦熊上书，列举杨应龙残害多命、贿赂官员、钳制言论等“二十四大罪”，奏请明神宗出兵征剿，并想借此机会推行“改土归流”。

万历二十年，杨应龙被押到四川受审。恰逢此时日本侵略朝鲜，明朝援朝用兵之际，杨应龙假意恭顺，承诺愿意率兵五千参与征讨，并以两万两白银赎罪。朝廷举棋不定，最终放虎归山，留下后患。

播州反叛

万历二十年十二月，杨应龙前往征倭，中途却率兵返回。次年，四川巡抚王继光因此提审杨应龙，杨应龙拒不受审。于是，王继光联合贵州官府，率领三千士兵攻打播州，不料却被杨应龙打败。双方兵戎相见，无疑使播州与明朝的关系更加恶化。此时朝廷已坚定了铲除杨应龙的想法，然而倭寇未除，大量兵力被牵制在朝鲜战场，为稳定后

万历三大征

万历年间，明朝先后平定了宁夏的哱拜叛乱、西南的播州杨应龙叛乱，并挫败了日本侵占朝鲜，进而入侵明朝的图谋。这三场大战巩固了明朝的疆土，被称为“万历三大征”。三次征战虽然明朝全都获胜，但也极大地消耗了人力、物力，给国家财政带来了沉重负担。三次战役之后，明朝元气大伤，“万历三大征”成为导致明朝灭亡的重要原因。

方，只得暂且安抚。

官军的征剿让杨应龙嗅到了危险的气味，他开始未雨绸缪，召集役夫工匠，修建关隘，扩充军队。他重建了天险海龙屯，在山屯前后设置了九道关隘，九关之间护墙相连，随山势绵延十余里。另外，他还在播州四境的险关要隘，构筑了几十座关屯寨堡，组成环播千里、星罗棋布的攻防体系，随时准备抗击前来征剿的官军。

李化龙画像

万历二十二年，朝廷任命兵部侍郎邢玠总督川贵军务。次年，邢玠以“冲杀官军罪”讨伐杨应龙。杨应龙不敢轻易与明朝决裂，想以和平的方式结束这场恩怨，于是斩杀手下部将，将儿子杨可栋送去重庆充当人质，并承诺向朝廷缴纳四万两白银以求免罪。

向来狂妄自负的杨应龙，能做到如此卑微，实属不易。然而不久他的儿子杨可栋竟在重庆暴毙，甚至都无法运回家乡安葬，杨应龙痛心疾首，怒火爆发。万历二十三年，他开始谋划复仇和反叛活动。随着军事堡垒海龙屯扩建就绪，杨应龙亲自书写榜文，并刻“严禁碑”，发布军事重地关卡禁令，犹如大敌当前，严阵以待。他自诩“半朝天子”，正式树起反叛的旗帜。

平播之役

万历二十七年三月，援朝战争结束。明神宗命李化龙执掌四川、贵州、湖广三省军事，并赐予尚方宝剑，让他调集天下兵马，率领东征倭寇

湖北恩施土司城九进堂

湖北恩施一带原先有许多土司，明清改土归流之后，大部分土司建筑已无痕迹，现今所见土司城为土家族风格仿古建筑。九进堂是土司城的核心区域，模仿古代土司王府修建。

播州土司抵抗明军的最后据点——海龙屯遗址

的军队南征播州，发起“平播之役”。

六月，杨应龙趁官军尚未集结，宣称“朝廷不容我，只得舍命出綦江，拼着做”，率兵血洗綦（qí）江城。綦江守将战死，城中百姓死伤过万，浮尸顺水而下。明神宗勃然大怒，大喝杨应龙“罪不可赦”！至此，播州和明朝彻底决裂。

万历二十八年二月，李化龙率领二十余员骁勇善战的大将、各省正规军与西南土司军共二十四万士兵，发起平叛作战。大军分为川南四路、湘黔四路，向播州合围。

在占有绝对优势的官军面前，杨应龙被团团围住，犹如困兽一般。但他不肯就此放弃，决定凭借固若金汤的防御体系，殊死一搏。官军一路势如破竹，三月便攻破娄山关。娄山关是川黔道路上的重要关口，也是播州的咽喉部位。娄山关被破，播州外围关隘相继失守，门户大开。

面对官军的凌厉攻势，杨应龙率领一万七千余名士兵退守海龙屯。海龙屯孤峰耸峙，东、南、北三面深谷环绕，仅屯西一路可通，有一夫当关万夫莫开之势。屯前高耸三十六步阶梯，而且极其陡峭，可以说是“飞鸟腾猿不能逾”，官军大炮难以发挥作用。杨应龙凭借险要地势，使用热油、黄豆、滚木、礌石阻挡明官军进攻。海龙屯内储存了充足的物资，士兵也相当悍勇，官军作战异常艰难。

就在海龙屯外两军僵持不下、李化龙一筹莫展之际，官军找到了海龙屯后方输送粮草的密道，随后分兵从密道悄悄潜入，前后夹攻，一举攻破了海龙屯。杨应龙无力回天，焚毁宫室，与爱妾自缢而死，播州军卒一万余人被斩杀在“杀人坡”。至此，雄踞播州七百多年、世袭二十九世的杨氏土司家族灰飞烟灭。

改土归流

为解决播州地区的纷争，稳定西南边疆的统治，明朝开始“改土归流”，将播州分置遵义、平越二府，分属四川、贵州两省，废除世袭土官，任命可以随时撤换的“流官”。

播州改流后，明朝推出了一系列善后措施，促进当地的发展。在文化上，推行儒学教育，开设府学、县学和书院，增强文化内聚力。在经济上，组织民众开垦荒地，引入先进的中原物产和耕作技术，鼓励商贸往来，促进地方经济发展。另外，明朝还设置屯卫、驿站等设施，加强了中央政府对播州的统治管辖。（朱莉敏）

“泰西儒士”利玛窦

意大利传教士利玛窦在二十余年间游历明朝多地，在士大夫中建立起良好的声誉和关系。后来他成功觐见明神宗，开启了日后其他传教士进入中国的大门。利玛窦将西方的自然科学知识引入中国，为中西文化交流做出了卓越贡献。

博学俊才

1552年，利玛窦生于意大利中部的马切拉塔城。十六岁时，利玛窦进入罗马大学，攻读法律专业。二十岁后，他步入最重要的求知生涯。当时正值欧洲近代思想和科学的快速发展时期，新知识、新技术不断涌现，在科学研究和探索新世界的航行方面取得了尤为突出的成就。利玛窦求知若渴，在前辈们的激励下，他在这两个领域都进行着不懈的努力。

利玛窦在哲学、数学、天文学、地理学等方面成绩显著，又学习了音乐、绘画及钟表、机械等工艺，还掌握了多门外语。青年时代的利玛窦已是一位学识渊博的俊才。

利玛窦画像

1578年，热衷于传播基督教文化的利玛窦踏上了远航的轮船，来到葡萄牙的东方殖民点——印度卧亚（今果阿）。此后终其一生，利玛窦都再未回到欧洲。

明代宫廷摹绘本《坤舆万国全图》

利玛窦绘制的《坤舆万国全图》是第一张将中国绘于世界中心的世界地图。

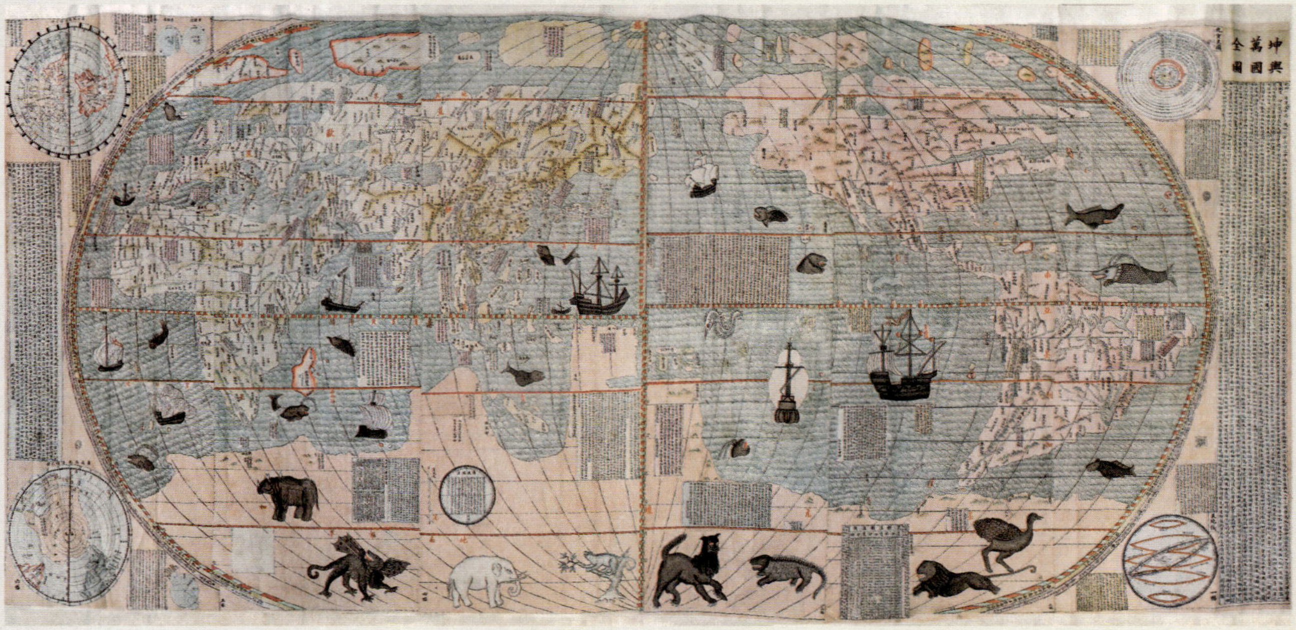

泰西来客

泰西

“泰”的意思是极，泰西即是指极西之地，它是明清时期，中国人对西方国家的泛称，一般指欧美国家。如清代昭梿在《啸亭杂录·善天文算法》中说：“自明中叶泰西人入中国，而算法、天文精于中土。”

对于西方传教士来说，明朝是一个神秘的国家。万历十年（1582年），利玛窦到达濠镜澳。他对新生活充满了期待，刚到濠镜澳就开始学习汉语，了解明朝的行政制度、经济文化和风土人情。

第二年，利玛窦到达广东肇庆，首次进入明朝内地。万历十三年冬，一座一厅堂两厢房的中国式天主教堂在肇庆建成，这也是中国内地的第一座天主教堂。

为了在肇庆立足，利玛窦开放了自建的中国最早的“西方图书馆”，吸引士人参观。他频繁向人们展示西方天文仪器、世界地图等科学成就。其中图书馆所藏的西方书籍中奇异的文字、精致的印刷和装帧，以及“白色如茧，薄而坚好，两面皆字”和“受墨不渗，着水不濡”的纸张，让当时的明朝人赞叹不已。图书馆墙上悬挂的世界地图更是让他们大开眼界，“原来世界如此之大，国家如此之多，明朝也并非世界的中心！”利玛窦积极同当地官员和士人交往，建立良好的私人关系，从而得到了官方的保护，在封闭的明朝有了第一个立足点。

万历十七年，利玛窦到达韶州（今广东韶关），受到知府的热情欢迎。在此期间，利玛窦结识了一个重要人物——瞿汝夔，这是他的第一个中国学生。瞿汝夔建议利玛窦穿儒服、戴儒冠、留须发，以读书人的身份会客交友。韶州成为利玛窦在明朝的第二个立足点。

西洋自鸣钟

万历二十三年，利玛窦决定再觅新的传教地。到达南昌后，他的才识受到当地官员赏识。在这里，利玛窦宣扬西方的记忆法、名人语录和伦理观念，展示世界地图、自鸣钟、地球仪、日晷等西方科技，还积极与当地王公贵族及文人士子交往，赢得了更多士人的认同。南昌成为他的第三个立足点。

在南昌待了几年后，利玛窦想进入北京城，觐见明神宗。来到北京后，因当时明朝的援朝战争正在进行，京师气氛紧张，利玛窦滞留数月也未能见到明神宗，便退到了南京。

南京是明朝的陪都，官员众多，士子云集。利玛窦积极同他们交往，经常向来访者讲解西洋科学和风俗，展示天文仪器，还不时参加各种宴会，名声大噪。南京成为利玛窦在明朝的第四个立足点。

万历二十八年一月，利玛窦携带西洋画像、自鸣钟、三棱镜等物品，几经波折，第二次到达北京，向明神宗进贡。明神宗非常喜欢自鸣钟，专门修亭安放，并下诏让利玛窦留居京城。利玛窦从此在北京住了下来，他的儒生形象迅速拉近了与明朝文人士大夫的距离，众多达官显贵纷纷与他建立交往。当时在工部任职的李之藻率先与利玛窦结交，后来中国最早的世界地图便是他们二人共同绘制的。在北京期间，利玛窦一边撰书，一边同李之藻、徐光启等官员翻译西方科学著作，度过了一段最忙碌也最快意的时光。

西学东渐

面对封闭的明朝，利玛窦不得不以西方科技为“敲门砖”，以求官员的支持，实现来华的目的。一些忧国忧民之士为了富国强兵，也渴望引进先进技术，“西学东渐”就这样开启了。数学上，利玛窦与徐光启合译《几何原本》前六卷，与李之藻合译《同文算指》等书，这些书对中国的数学影响很大。

天文学上，利玛窦传入了地圆说、日大于地、地大于月、天体圆周运行等宇宙理论，编译了一些西方天文学著作。为验证这些理论，利玛窦制作了天球仪、日晷、地球仪等各种天文仪器，数次准确预测了日食和月食。

李之藻译著《天学初函》书影

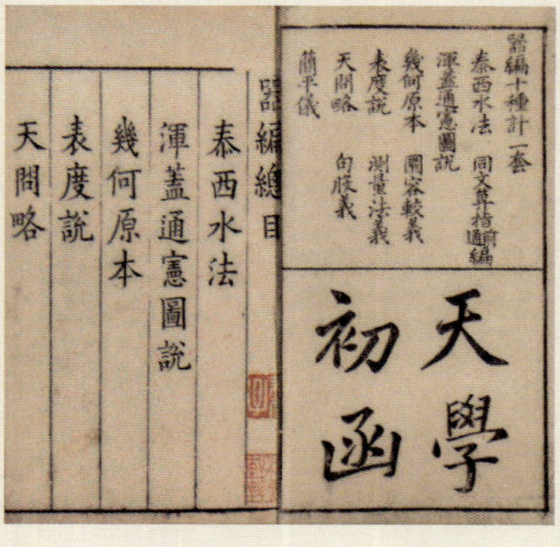

利玛窦还首次引入“公历”纪年，讲解西方推演日历的方法，提出修改明朝历法的建议。崇祯初年，徐光启以利玛窦所传播的西方天文学和数学知识为参照，主持完成了《崇祯历书》的修订，打破了中国土生土长、自成一体的天文学体系。

地理学上，利玛窦是第一个将西方新地理知识传到中国的人，这集中体现在他参与绘制的世界地图中。该图有《大瀛全图》《山海舆地（全）图》《万国图志》《坤舆万国全图》等名称，基本囊括了当时西方地理学所有的新知识、新概念和新理论。

这幅世界地图中标出的数十个海洋、国家、地区、岛屿、山脉、河流、湖泊，多为利玛窦首译的名称，其中大西洋、地中海、尼罗河、罗马、古巴、加拿大等名沿用至今。利玛窦还在地图中首次译出了五大洲的名称，即“亚细亚洲”（亚洲）、“欧罗巴洲”（欧洲）、“利未亚洲”（非洲）、“亚墨利加洲”（美洲）、“墨瓦腊尼加洲”（南极洲）。

另外地图中标出的地球、南极、北极、经线、纬线、东半球、西半球、赤道等专有名词也沿用至今，还涉及经度、纬度的概念和测量方法。这幅地图以赤道为中心，将地球分为南北两半球，且以赤道两侧为热带，热带南北为温带，温带南北为寒带，寒带南北为南北极，另有南北回归线、南北极圈线等。这些地理知识也沿用至今。图上还通过文字注释，介绍了世界各地的一些自然景观、风俗和物产。

利玛窦的世界地图让中国人第一次看到了世

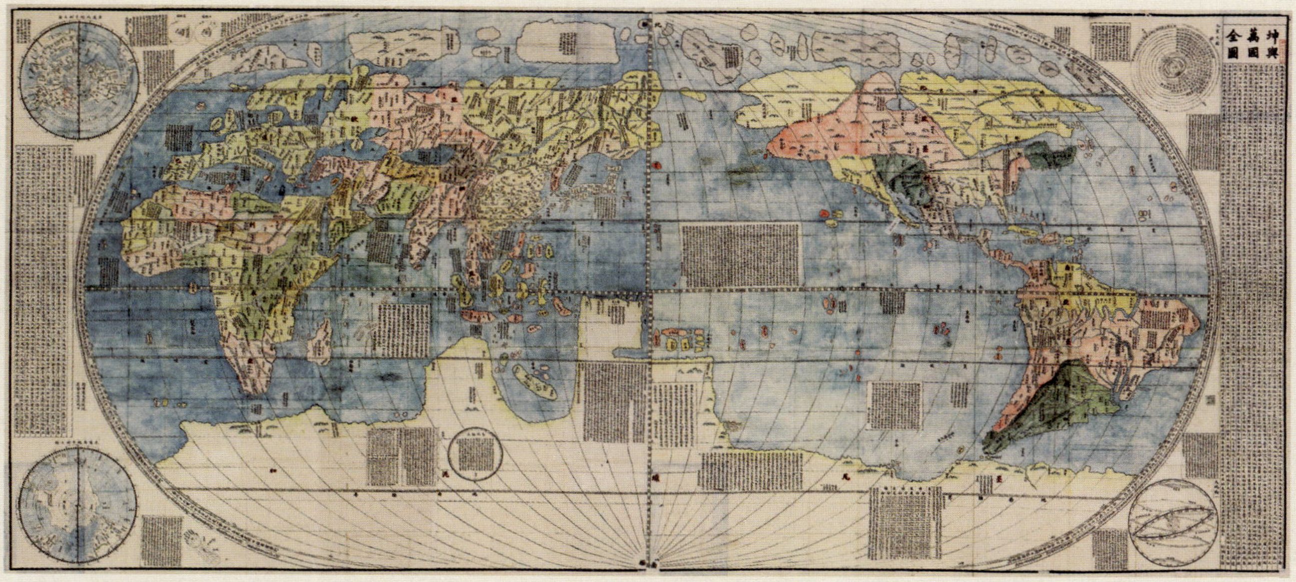

日本摹绘本《坤舆万国全图》

界的缩影，打破了中国数千年的“天圆地方”和“天下之中”的认知，对中国人造成了强烈的心理冲击。

语言文字上，利玛窦首创“拉丁字母注音汉字”，成为我们今天所使用的汉语拼音的源头。利玛窦及与他合作的明朝官员还创造了“平面”“平行”“体积”等大量沿用至今的汉语科技词汇。

此外，利玛窦送给明神宗和官员油画，画作中运用的西方透视学原理让他们大开眼界。

中学西传

文化交流常常是双向的，利玛窦在传播西学的同时，也把中国的学术文化传到了西方。

利玛窦用拉丁文翻译和注释了“四书”，取名为《中国四书》，这是欧洲最早的儒家经典译著。他在《中国札记》中对明朝进行了全景式描述，引发了欧洲研究中国的热潮。利玛窦西传的中国思想文化，在欧洲各国广泛传播，为欧洲启蒙运动的开展和近代社会的变革提供了丰富的精神食粮。

万历三十八年五月，利玛窦积劳成疾，溘然长逝，葬于北京阜成门外一处名为“栅栏墓地”的墓园里。

利玛窦在“西学东渐”和“中学西传”方面具有开创性贡献，堪称中外交流史上鼎鼎有名的“泰西儒士”。（吴小伦）

明万历年间五彩梅花式盆

利玛窦笔下的明朝宴席

利玛窦在《中国札记》中说：“他们（中国人）的菜烹调得很好……他们的鱼和肉不像我们那样要遵守一定的上菜次序。菜一端上桌子，就不再撤去，直到吃完饭为止。所以饭没吃完，桌子上就压得吱嘎作响；碟子盘子堆得很高，简直会使人觉得是在修建一个小型的城堡。”

书写奇闻的明代“奇书”

《三国演义》《水浒传》《西游记》在明代被称为“奇书”，这三部长篇小说是明代文学的代表性巨著，在中国文学史上具有极其重要的地位。

《三国演义》

《三国演义》全称《三国志通俗演义》，诞生于明初，是作者罗贯中以陈寿的《三国志》和裴松之注释所引用的野史杂记为基础，再根据民间传说、话本和戏曲精华以及自己的生活积累创作而成的。

全书从东汉末年黄巾起义开始，至三国归晋结束，展现了这一历史阶段风云变幻的画卷。书中生动再现了东汉末年和三国时期以曹操、刘备、孙权为首的魏、蜀、吴三个政治军事集团之间的矛盾和斗争，并以此为主线来展开情节。故事既有前后发展的连贯性，又富于曲折和变化，构成了古典小说中少见的既宏伟又严密的结构。

三顾茅庐

罗贯中

罗贯中（约1330—约1400），名本，字贯中，号湖海散人，山西太原人，元末明初文学家，是中国长篇章回小说的鼻祖。除小说创作外，罗贯中还著有多种杂剧。罗贯中与施耐庵的身份和关系目前在学界仍无定论。

《三国演义》特别善于描写战争，有非常激烈的千军万马大会战，也有精雕细刻的将领之间的交锋；有尸横遍野的强攻，也有兵不血刃的智取；有刀枪剑戟的厮杀搏斗，也有殿堂军营的唇枪舌剑；有的战局强者势如破竹，所向披靡，而有的战局变幻莫测，弱者出奇制胜，直捣黄龙。

书中有绘声绘色的正面描写，使人产生身临其境之感；也有渲染烘托的侧面描写，收事半功倍之效。有时又在紧张的大战间隙，插入一点悠闲的细节描写，妙趣横生，张弛有致。例如赤壁之战前写曹操横槊赋诗，空城计中写诸葛亮焚香弹琴，官渡之战中写许攸问粮等。

《三国演义》还为古典小说的人物画廊贡献了众多鲜明的形象，标志着中国古典小说人物塑造的新发展。《三国演义》以博大深厚的思想内涵、丰富曲折的故事情节、栩栩如生的艺术形象而脍炙人口，对中华民族产生了极其深远的影响。

讲述武松斗杀西门庆故事的《水浒传·狮子楼》皮影

对酒当歌，横槊赋诗

小说《三国演义》以高超的艺术水平，塑造了多位富有魅力的三国英杰。“横槊赋诗”这个片段，将兼有文韬武略的曹操刻画得淋漓尽致，也将曹操军事家、文学家的非凡气度展露无遗。

赤壁之战前夕，曹操眼见天下将定，内心高兴，于是乘坐大船检阅水寨。“天色向晚，东山月上，皎皎如同白日。长江一带，如横素练。操坐大船之上，左右侍卫者皆锦衣绣袄，荷戈执戟，何止数百人。命文武等官，各依阶位而坐。”洗练的描绘，一下子就将读者带入那个晴朗的月夜情境之中。“操指南屏山如画，东视柴桑之境，西观夏口之江，南望樊山，北觑乌林，四顾空阔，心中暗喜”，环顾万里江山，曹操不由得踌躇满志：“吾得江南富饶之地，可以富国强兵。今手下有百万雄师，更有诸公用命效力，何愁功业不成耶！”

饮至半夜，曹操酒酣，遥指南岸。赤壁大战在即，成功指日可待，他不由得开怀大笑。“言讫大笑”“大笑不止”“操又笑不止”，在这个十五月圆之夜，洒脱豪迈的曹操多次发出畅快的大笑。“忽闻群鸦之声，望南飞鸣而去”，酒酣耳热的曹操，顿时诗兴大发，“教取槊立于船头之上，取酒奠于江中，满饮三爵”，当场吟出那首慷慨激昂、脍炙人口的《短歌行》，将当夜的气氛推向高潮。

对酒当歌，人生几何？精彩绝伦的横槊赋诗成为《三国演义》乃至整个中国小说史中的华彩乐章。

《水浒传》

《水浒传》的作者是施耐庵，它与《三国演义》一样，也是在民间故事和话本、戏曲的基础上创作而成的，“水浒”就是水边的意思。

北宋宣和年间，宋朝衰颓腐败，边境不宁，社会动荡。宋徽宗贪图享受，任用权奸蔡京为宰相，穷奢极侈，对百姓横征暴敛，弄得民不聊生，逼得许多人铤而走险，发动起义。宋江就是其中最著名的一个起义首领。

《水浒传》取材于北宋末年梁山泊起义的故事，是历史上第一部描写农民起义的小说，生动地展示了以宋江为首的梁山好汉，从起义到兴盛再到接受朝廷招安而最终失败的全过程。书中通过描写众多草莽英雄不同的人生经历和反抗道路，鲜明地表现了“官逼民反”的主题，是一部反抗封建暴政的英雄传奇。

小说在梁山泊起义的总体构思之下，在“官逼民反”这一线索的串联下，按照故事发展的需要，把情节一个个连缀起来，共同构成了《水浒传》的宏大篇章。其中智取生辰纲、三打祝家庄、武松打虎、杨志卖刀、林冲雪夜上梁山等故事脍炙人口。《水浒传》塑造的李逵、武松、林冲、张顺、吴用、鲁智深等“一百零八将”的形象深入人心。

《水浒传》作为中国历史上最早用白话文写成的章回小说之一，流传极为广泛。

> 《水浒传》是一部怒书，《西游记》是一部悟书。
>
> ——［清］张潮

“林教头风雪山神庙”里的雪景描写

“林教头风雪山神庙”是《水浒传》里最著名的回目之一，在这一回里，忍无可忍的林冲终于爆发，整个故事情节跌宕起伏，精彩绝伦。文中对雪景的描写，历来备受称道。一开场，“正是严冬天气，彤云密布，朔风渐起，却早纷纷扬扬卷下一天大雪来”；林冲去打酒时，“雪地里踏着碎琼乱玉，迤逦背着北风而行。那雪正下得紧”；回来时，“看那雪，到晚越下得紧了”；林冲山神庙手刃四人后，“那雪越下得猛”了。这里的“卷”“紧”“猛”，用词精练而传神，既是描绘雪景，也是烘托心情，一场扣人心弦的命运大戏伴随着大雪开始，又在雪中了结，而林冲的人生，也将在茫茫大雪中翻开未知的新篇章。

明代《西游记图册》插图

《西游记》

《西游记》故事取材于唐代高僧玄奘历尽艰难险阻，到天竺（今印度）求法取经的真实事迹。明朝中叶，吴承恩对民间流传的有关唐僧取经的文学作品和故事进行艺术再创造，把原来以唐僧取经为主的故事，改为以孙悟空为主的降妖伏魔的故事。

《西游记》以丰富的想象力描写了唐僧师徒四人在遥远的西行途中和穷山恶水中冒险斗争的历程，将他们所经历的千难万险形象化为妖魔鬼怪等八十一难，生动地再现了山川险阻，并以降妖伏怪表现了取经人不畏艰难的战斗精神。

全书分为三个部分：第一部分写孙悟空的出世和大闹天宫；第二部分写唐僧的身世和取经的起因；第三部分写孙悟空保护唐僧到西天取经，一路上降妖除魔，历尽苦难，取回真经的过程。这部作品生动地塑造了孙悟空、唐僧、猪八戒和沙僧等众多深入人心的形象，展示出了非凡的想象力。

这三部奇书的“奇”，不仅是指小说的内容或艺术形式新奇，还包含对小说所取得的创造性成就的肯定。它们被译成多种语言版本在世界上广泛流传，受到中国人民和世界各国人民的喜爱，其思想性和艺术性都达到了很高的水平，在世界文学史上占有十分重要的地位。（袁碧荣）

《西游记》唐僧师徒皮影

吴承恩

吴承恩（约1500—约1582），字汝忠，号射阳山人，淮安府山阳（今江苏淮安）人。他自幼聪慧，博览群书，特别喜欢神话故事，多才多艺。嘉靖年间，吴承恩曾做过一些地方小官，晚年无意仕途，专心著书。一般认为，吴承恩就是《西游记》的作者，但也有学者认为吴承恩所撰的《西游记》可能是一部地理或游记类著作。

“异端”思想家李贽

晚明思想家、文学家李贽，不受儒学传统观念束缚，标榜独立思考，具有强烈的反传统理念。他抨击程朱理学，批判重农抑商，公开以“异端”自居。他提出“童心说”，主张表达内在真实的自我。最终他被诬陷下狱，在狱中自刎而死。李贽的思想在当时引起了很大的震动。

宦海浮沉

明朝中期以来，在思想界颇有影响力的王守仁的“心学”，逐渐形成了多个支派，其中最著名的是泰州学派。李贽就是泰州学派中的一位宗师级人物，他激进的学说和思想让统治者颇为忌惮。

李贽画像

嘉靖六年（1527年），李贽出生于福建泉州府晋江县（今福建泉州）。他原来叫林载贽，后来改名李贽。他祖上本是当地有名的商人，但他出生时家族已经衰落，家境贫寒。李贽二十五岁时考中举人，由于家里经济拮据，他没能继续参加会试，去考取进士。虽然明朝时举人也可以直接做官，但按惯例，只能地方小官做起。嘉靖三十五年，李贽出任河南辉县教谕，从此开始了漫长的宦海浮沉。

四年后，李贽升任南京国子监教官，但不久便因父亲去世回乡丁忧。等到服丧期满，他带着妻儿前往北京，等待了近两年才被授予国子监博士之职。其间由于生活困难，李贽只好以教书来养家糊口。

没过几年，李贽的祖父去世，不久次子也亡故了。他随即放弃职位，携带家眷回乡。因为囊中羞涩，南下途中，李贽不得不将妻儿留在曾经任职的河南辉县，让她们自食其力，随后独自返回了晋江家中。等到三年后他再来辉县与妻儿相聚时，才得知二女儿、三女儿都已在灾荒中去世，他心中的悲痛可想而知。

其后，李贽历任礼部司务、南京刑部员外郎、云南姚安知府等职，并与耿定向、耿定理、焦竑等朋友结识，他们经常在一起讨论学问。李贽任姚安知府时，突然有一天剃掉头发，还冠冕堂皇地在衙门里处理公务。上司得知了这件事，便勒令他辞官。李贽早已对官场心生厌倦，于是告老辞官而去。

反儒斗士

李贽辞官后并没有返回家乡，而是去了湖广黄安（今湖北红安），投靠朋友耿定向、耿定理兄弟，给耿家充当门客和家庭教师。李贽与耿定理关系很好，他教导耿家的孩子随意读书游戏，让他们充分发挥儿童天真活泼、自由奔放的天性。这一理念与耿定理的大哥、做了大官的耿定向存在分歧。耿定向虽然欣赏泰州学派的思想，但他本人却坚持传统礼法。他责怪李贽带坏了耿家的孩子，李贽则斥责耿定向是“假道学”，二

上下五千年

明万历年间青花瓷瓶

人反目成仇。

几年后，好友耿定理去世，李贽搬出耿家，迁居麻城（今属湖北）。后来他让女婿把妻女送回晋江老家，自己一人住在麻城城外的芝佛院。李贽在芝佛院生活了近十年，在此期间，禅学对他的思想产生了很大影响。后来他干脆剃发留须，致力于读书、讲学和著述，俨然一个研究学术的老和尚。但他又仍然穿着儒家的衣服，也不吃斋念佛，有意以“异端”的面目示人。

万历十八年（1590年），六十四岁的李贽完成了自己的代表作《焚书》，书中收录了他之前所写的书信、杂文与诗歌，还特别收录了多封与耿定向等人论学的书信，对儒家经典和程朱理学进行了大胆的批判。此书在麻城印行，引发了当地官员和士绅的强烈不满，当即遭到官府的焚毁，被列为禁书。

其后几年，李贽应友人之邀，游历山西沁水、大同、北京、南京等地。万历二十七年，他的又一代表作《藏书》在南京刊印，书中通过评点历史人物，对盲目推崇圣人之言的儒家教条展开了抨击。结果《藏书》与《焚书》一样，也遭到了毁版封禁的命运。

随着李贽的影响越来越大，等他回到麻城的时候，他的反对者群起围攻，要把他赶回福建老家。万历二十九年，当地士绅雇佣流氓打手，将李贽居住的芝佛院烧毁，并将他驱逐出境。此时李贽已是七十五岁高龄，好友马经纶闻讯，冒雪从千里之外的通州（今北京通州区）赶来，接他北上，到自己家里居住。

万历三十年，礼部给事中张问达上奏明神宗，攻讦李贽行为不检，惑乱人心。不久，李贽在通州被捕入狱，他的著作也被焚毁。入狱后不久，李贽在一次剃发时，用剃刀自刎而死。李贽去世后，马经纶遵照其遗愿，将其安葬在通州城北的迎福寺。

“异端”学说

李贽公开以“异端”自居，反对封建礼教，对当时的男尊女卑、重农抑商大加贬斥，主张个性解放、思想自由、重视功利。他蔑视权威和教条，反对思想禁锢，甚至否定传统伦理道德标准，在社会上引起了很大震动。

李贽贬斥程朱理学为假道学，他针对理学家提出的“存天理，灭人欲”，提出了“私者，人之

其性褊急，其色矜高，其词鄙俗，其心狂痴，其行率易，其交寡而面面见亲热。

——［明］李贽

心也”“人必有私”的观点，认为“穿衣吃饭即是人伦物理”。李贽不仅批评了道学家道德说教的空洞性，而且还揭露了他们“口谈道德而心存高官，志在巨富”的虚伪，认为道学家所说的“道”只不过是为自己谋取功利的工具和噱头。

李贽还认为《六经》《论语》《孟子》等儒家经典只是当时弟子的随笔记录，不能当作万年不变的真理。他反对以孔子的是非观作为判断是非的标准，主张按照时代发展变化的需要，建立“今日的是非标准”。比如，一向被儒家视为“暴君”的秦始皇，李贽却高度肯定了他的历史功绩，赞扬秦始皇是“千古一帝”。

李贽提倡男女平等，反对歧视妇女，他在黄安讲学时甚至破例招收了多位女弟子。他还主张婚姻自由，赞同寡妇再嫁，高度赞扬了卓文君和司马相如的爱情。

在文学方面，李贽提出“童心说”。“童心”即“真心”，即切实的思想情感。李贽认为文章的好坏并不在于字词、句式和结构等形式上的探求，而在于是否“绝假还真”，抒发己见。他极力推崇《西厢记》《水浒传》等通俗文学作品，称其为“至文”，并用极高的评语评点《西厢记》《水浒传》《西游记》等戏曲和小说作品。

李贽的一生充满了对传统和历史的重新思考，这也是明朝后期社会思想变革的一个体现。他虽被理学家视为“异端”，其著作也被视为“邪说”而遭封禁，但他的思想却受到当时相当一部分文人的景仰，在民间也相当受欢迎。他的著作虽于明清两代多次遭受封禁焚毁，坊间却是屡毁屡刻，在民众中广为流传，对晚清思想解放运动、五四新文化运动都产生了深远影响。（杜明鑫）

“金字招牌”李卓吾

李贽号卓吾，他的社会影响力在当时的书商看来是一块“金字招牌”，许多小说、戏曲以“李卓吾先生批评”的名义刊行。当然，其中不乏部分书坊主为了迎合市场的需求，利用李卓吾的“名人效应”，浑水摸鱼，弄虚作假，雇佣一些下层文人假冒其名进行评点。李贽的著作被封禁焚毁后不久，各种署名“李卓吾”的戏曲、小说评点版本如雨后春笋般纷纷出现。

明刻本《李卓吾批评〈西游记〉》书影

福建泉州李贽故居

李贽故居内部

汤显祖著《牡丹亭》

明朝中后期，城市手工业、商业空前繁荣。一些家境殷实者开始追求生活质量，注重个性自由，社会上也随之出现了描写市民日常生活、满足市民精神情趣需求的话本和剧本，汤显祖的《牡丹亭》就是其中的代表作之一。

文、艺并习少年郎

李贽的《焚书》印行后，收获了一位特殊的读者。当时这位远在南京的读者托朋友给自己寄来一本《焚书》，读过之后被其中的思想深深地吸引住了。后来他与李贽在自己的老家江西临川（今江西抚州）结识，李贽在狱中自杀后，他听闻噩耗，不胜悲痛，作了一首诗表示哀悼："自是精灵爱出家，钵头何必向京华。知教笑舞临刀杖，烂醉诸天雨杂花。"这首诗名为《叹卓老》，作者便是明代大名鼎鼎的剧作家汤显祖。

嘉靖二十九年（1550年），汤显祖出生于临川的一个诗书之家。他的父亲非常重视教育，专门设置家塾，收藏书籍，家里诸子百家、天文地理、神怪小说应有尽有。汤显祖置身在书籍的海洋里，尽情遨游，父亲也不加限制，任由他随意翻阅。汤显祖自幼聪颖，五岁时便能对对联，而且还能连续作对。通过大量的阅读，他不仅熟悉了科举必考的儒家经典，还获得了广博的知识和见识。

汤显祖画像

汤显祖十三岁时，江西提学何镗到临川主持考试。汤显祖的父亲和祖父都是秀才，在乡里有一定地位，参加了这次接待考官的任务。父亲在考前将汤显祖带到何镗面前，何镗以"书桌"为题要求汤显祖"破题"。汤显祖稍加思索，说出的答案让何镗拍案叫好。第二年，汤显祖就被推荐到县里的学校。

入学以后，汤显祖刻苦学习，每次考试都名列第一。多年以后，他仍然自豪于这段求学生涯，说自己"童子诸生中，俊气万人一"。在校期间，汤显祖读了不少书，其中情词并茂的《昭明文选》最让他爱不释手。

汤显祖的父亲和祖父都酷爱曲艺。祖父是一位弹琴能手，四十岁时便隐居山林，时常弹琴自娱；伯父、父亲均精通琴艺，酷爱戏曲，珍藏杂剧近千种，家里充满了浓厚的曲艺氛围。受此影响，汤显祖从小就喜欢戏曲，稍大又研习声歌之学，为后来的曲学修为打下了坚实的基础。

声歌之学

声歌之学又称歌诗之学，具体是指文学的音乐化手段和音乐呈现，其核心是谱曲和度曲。谱曲是将文词乐谱化，度曲则是将其以音乐的形式呈现出来。声歌之学是一种音乐文学，是中国传统文化中将音乐与文学高度融合的综合学问。

曲学修为终养成

隆庆四年（1570年），二十岁的汤显祖在乡试中以第八名的优异成绩考中举人，年少得志，春风得意。然而，接下来的进士考试，性格耿直的他因不愿意巴结权贵，数次榜上无名，一直到三十三岁才考上进士。在随后十五年的仕宦生涯中，官场的尔虞我诈让他心灰意冷。万历二十六年（1598年），四十八岁的汤显祖辞去官职，回到了家乡。

不过，坎坷的经历却成为汤显祖宝贵的人生财富。心情低落的时候，找一二挚友闲谈，酌一杯小酒，哼一曲小调，写几行剧本，便会乐乐陶陶，烦恼全消。朋友们的帮助，对汤显祖曲学修养的提高作用很大。

汤显祖在思想上深受泰州学派影响，崇尚真性情，反对假道学。在戏曲创作上主张“言情”，即表达人性的真情，反对拘泥于格律。他做官时结识了许多曲友，他们经常聚在一起研讨声歌之学和表演技巧。在撰写《紫箫记》时，汤显祖得到了朋友们的极大支持。每写完一出，他们就谱曲试唱，还给汤显祖提出了许多好的创作建议。

汤显祖走南闯北，见多识广，接触到了许多地区不同种类的音乐，阳春白雪、下里巴人，无所不有，这给了他丰富的创作灵感。江西宜黄人谭纶是与戚继光齐名的抗倭名将，同时他还是个出色的戏曲家。他深爱戏曲，尤喜海盐腔，将之传播到了家乡。同乡的汤显祖也笃爱这种声腔，常引用到自己的作品之中。在同为戏曲名家的好友梅鼎祚家，汤显祖第一次听到了昆山腔，领略了昆曲的魅力。通过不懈钻研，汤显祖养成了深

原来姹紫嫣红开遍，似这般都付与断井颓垣。良辰美景奈何天，赏心乐事谁家院！

——《牡丹亭》

汤显祖志在山水

二十岁考中举人后，汤显祖一次游览南昌西山云峰寺，头上的玉簪不慎落入水中，他并不介意，说：“玉簪是为了固定官帽，可是我的心在于千山万水，玉簪又有何用呢！”他还作了两首诗，题在寺庙墙上，这就是《莲池坠簪题壁二首》。诗是这样写的：“搔首向东林，遗簪跃复沉。虽为头上物，终是水云心。”“桥影下西夕，遗簪秋水中。或是投簪处，因缘莲叶东。”

明代《牡丹亭》木刻版画中的《写真》

昆曲《牡丹亭》剧照

昆曲

昆曲又称昆山腔、昆剧。明初已有“昆山腔”的说法，嘉靖年间，魏良辅等改良出“悠长婉转、转音若丝、柔美湿润”的“水磨调”。昆曲唱腔优美，动作表演舞蹈性强，具有独特的风格。

湛的曲学修为。

除了醉心于写剧本、听曲，汤显祖还经常亲自谱曲、唱曲和教曲。《紫钗记》的曲子是他亲自教的，《牡丹亭》的曲子是他一边谱曲一边伴舞的，《南柯记》《邯郸记》也都是他在居所玉茗堂认真排演的……所有剧本几乎都是边谱曲边试唱才确定下来。正因为如此，汤显祖的每一部剧一经搬上舞台，都能产生轰动效果。

牡丹亭里说情感

《牡丹亭》也叫《还魂记》，是汤显祖的代表作，全剧讲述了一个神奇的爱情故事。

南宋时期，太守杜宝和夫人甄氏有一个独生女儿，名叫丽娘，年方十六，兰质蕙心，是夫妇二人的掌上明珠。杜宝读书出身，恪守封建礼教，不允许丽娘离开闺房，还请来老学究教她女德规范。丽娘备受压抑，心情阴郁。

一天，丽娘在丫鬟春香的怂恿之下，偷偷走出闺房，来到后花园游园解闷。丽娘在园中睡着之后，梦见一个潇洒的少年书生。两人情投意合，一同欣赏美景，吟诗作赋，怡然自得。

第二天，丽娘又偷偷去了后花园，一无所得，她心有戚戚，百感交集，竟致相思成疾，茶饭不思，身体日渐消瘦。

时间一天天流逝，一日早晨，丽娘照镜梳妆，发现自己容貌憔悴，不知不觉哭了起来。于是她对镜自画，并让春香找一个技术高超的裱画匠，将她的自画像裱好。

杜宝夫妇见女儿病重，忧心如焚，四处求医问药，但是丽娘的病情并未好转。丽娘自知不久于人世，便含泪对母亲说，希望自己死后可以葬在后花园牡丹亭边的梅树下，又告诉春香，把画像装在紫檀盒里，置于后花园湖山石下。不久，她便与世长辞了。

此时，北方金兵南下，朝廷任命杜宝为安抚使，命他立即前往扬州守边。杜宝夫妇匆匆将女儿葬在后花园梅树下，并于坟前建造“梅花庵”，嘱托人看守和照料，便离开了家乡。

三年后，秀才柳梦梅赴京赶考途中偶染风寒，寄居在梅花庵。一天，他在园中闲步，无意间拾得丽娘的画像，深为爱慕，每晚焚香祝拜。

深夜，丽娘的魂魄与柳梦梅相会。在柳梦梅的帮助下，丽娘起死回生，两人结为夫妻，一同前往京城。

后来，丽娘在临安偶遇了母亲和春香，她详说了自己生还的经过，母亲又惊又喜，泣不成声。

杜宝在淮安平定动乱之时，柳梦梅也寻访到了这里，请求拜见岳父。杜宝满脸狐疑，当他见到柳梦梅手中的女儿画像时，更是恼羞成怒，以“掘坟”的重罪，将柳梦梅抓了起来。直到得知柳梦梅考中状元，杜宝才在皇帝的劝说下，认可了这门亲事。杜丽娘和柳梦梅的婚姻终得圆满。

临川一梦传千秋

汤显祖以富有离奇色彩的爱情故事为主题，抨击了封建礼教对世人的迫害，表达了青年男女追求个人幸福、追求爱情和婚姻自由的心声，引发了强烈的社会反响。《牡丹亭》“家传户诵，几令《西厢》减价”。

数百年来，《牡丹亭》深受读者和观众喜爱。汤显祖因其巨大的戏曲和文学成就，被誉为“东方的莎士比亚”，联合国教科文组织更是将其评定为世界百位国际文化名人之一。

目前，《牡丹亭》享誉世界，被翻译成日语、德语、法语、俄语、英语等多种文字，吸引着越来越多的国外戏剧家和研究者。（吴小伦）

临川四梦

汤显祖是江西临川人，所居书斋名玉茗堂，他的四部剧作《牡丹亭》《紫钗记》《邯郸记》《南柯记》中都有描写梦境的情节，因而被合称为“临川四梦”，又称“玉茗堂四梦”。时人评价说：“《邯郸》，仙也；《南柯》，佛也；《紫钗》，侠也；《牡丹亭》，情也。”“临川四梦”是明代戏剧文学的代表作品，在中国文学史上占有重要地位。

朱载堉和十二平均律

朱载堉是一位百科全书式的学者，在科学和艺术上都有杰出的成就，他最为人称道的成就，是他首创的十二平均律。十二平均律被认定为世界通行的标准音调，在音乐史上具有重大价值。

“律圣”的诞生

万历年间，郑王朱厚烷的世子朱载堉经过苦心钻研，创建出一套科学的律制，这就是十二平均律。

朱载堉没能成为一个太平王爷，还要从他父亲朱厚烷蒙受冤屈说起。明世宗在位时崇奉道教，追求长生不老、羽化成仙，诸侯王纷纷投其所好，派遣使者进香。但朱厚烷非但不迎合，反而给明世宗上疏，指出神仙之事荒诞不经，帝王应该修德讲学，以天下苍生为念，明世宗勃然大怒。朱厚烷的族叔朱祐橏（zhǎn）为了争夺郑王的爵位，趁机诬告朱厚烷谋反。于是，明世宗剥夺了朱厚烷的爵位，将其软禁于安徽凤阳。

当时朱载堉年仅十五岁，对父亲无辜获罪非常不满，他不肯安居于郑王府，而是在王府外修了一座简陋的土房子居住，并发誓父亲一日没有洗刷冤屈，就一日不回王府，结果这一住就是十九年。

隆庆元年（1567年），明穆宗为朱厚烷平反，朱载堉也重回王府，但明朝政

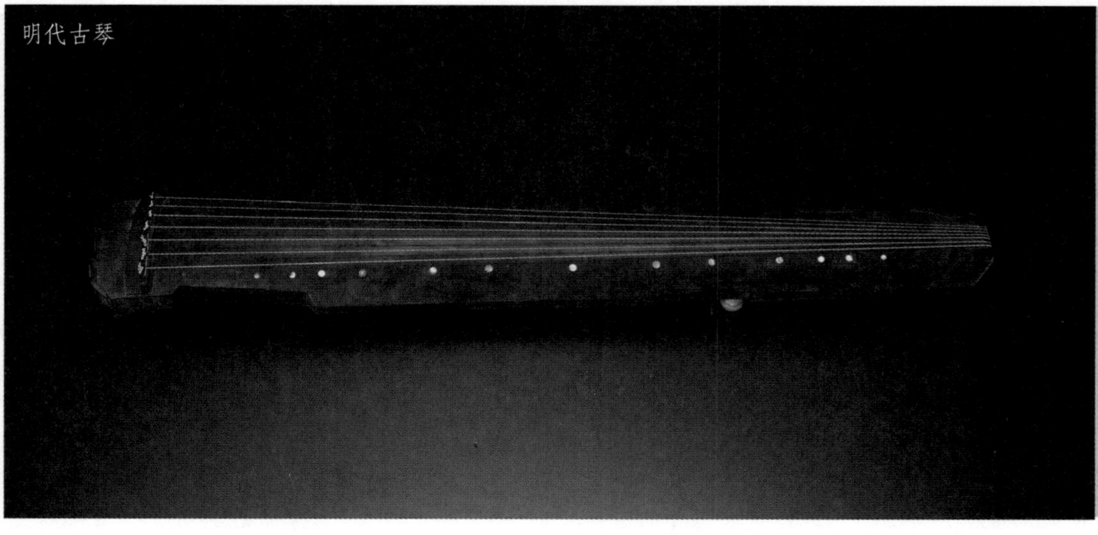

明代古琴

兴于《诗》，立于礼，成于乐。

——《论语》

治的腐败和皇族的勾心斗角让朱厚烷、朱载堉父子心灰意冷。万历十九年（1591年），朱厚烷去世，年已五十五岁的朱载堉在十五年内向明神宗连上七道奏疏，执意将郑王的爵位让给诬告父亲的朱祐橏，以彻底远离可怕的宫廷内斗，去过一种简单朴素的学者生活。

朱载堉后来成为明代著名律学家、天文学家、音乐家，被后人尊称为“律圣”，是享誉世界的文化名人。他的作品数量众多，获得极高的科学成就，大多被收录于万历三十四年（1606年）刊印的四十七卷、上百万字的《乐律全书》中。

百科全书式的学者

朱载堉是一位百科全书式的学者，在科学和艺术上都有杰出的成就。

在科学上，朱载堉在世界上最早研究了不同进位制的换算问题，归纳出九进制和十进制之间的换算口诀，这比德国数学家莱布尼茨研究二进制和十进制之间的换算要早约一百年。他详细论述了使用算盘进行开方计算的方法和口诀，是中国用珠算开方的首创者。他

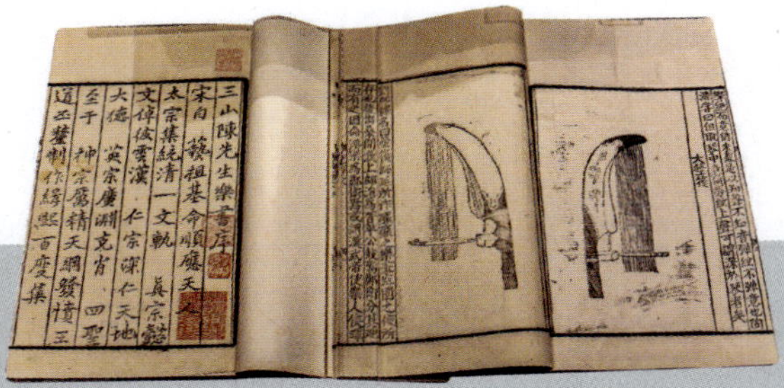

《乐书》书影

此书为北宋陈旸撰，共二百卷，收录了大量有关音乐的文献。

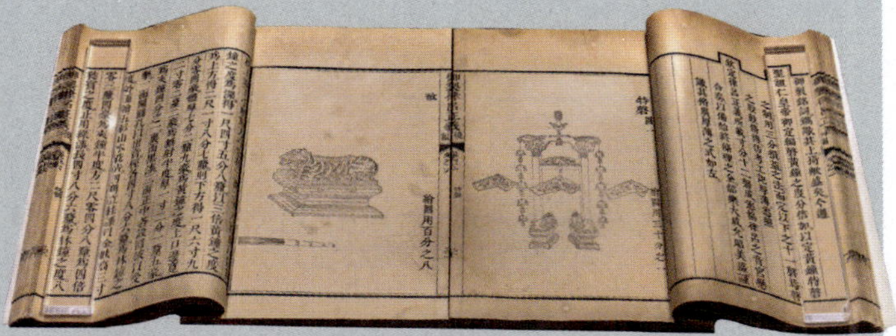

乐律学著作《律吕正义》书影

提供了已知等比数列的首项、末项、项数，求中间任何一项的计算方法，是世界上最早正确解答这一问题的人。朱载堉还是首个测得北京的地磁偏角为4°48′、北京的纬度为40°16′的中国人，这两项结果颇为接近现代值。他对回归年长度的计算也进行了修正，计算的回归年长度与准确值仅差21秒，极为精确。此外，朱载堉还对中国度量衡史有深入研究。

在艺术上，朱载堉制造了世界上第一架定音乐器——弦准，还探讨了不同乐器的发音机制。他是舞谱的集大成者，撰写了大量舞谱、乐谱和歌词，对音乐史也有广泛研究。当然，朱载堉最为人所称道的成就，是他首创的十二平均律。

十二平均律

十二平均律涉及古代的五声音阶、十二律定音、三分损益律等问题，具体情况非常复杂。大致来说，十二平均律就是要在乐器上实现我们现在所说的低八度或者高八度的功能，这在古代叫作旋宫转调。按照传统的三分损益律来制作的乐器，不具备旋宫转调的功能，只能演奏出某种固定的调式，一旦有旋宫转调的要求，就需要更换别的乐器。这种乐器的功能无疑是非常单调的，很难满足现实需要。

人们很早就发现了这一问题，进行过许多改进的尝试。汉代易学家京房、南北朝天文学家何承天、隋代天文学家刘焯、五代律学家王朴、宋代理学家蔡元定等人都有一定的贡献，而成就最突出的，当属朱载堉的十二平均律。十二平均律通过

［明］陆治《碧山扁舟》(局部)

设置以$\sqrt[12]{2}$为公比的等比数列，解决了这一问题，朱载堉称之为密率。朱载堉还用算盘将$\sqrt[12]{2}$的值计算到小数点后面二十五位，并设计了中国第一套采用十二平均律标准的律管。

享誉世界的“音乐王子”

朱载堉清醒地认识到十二平均律在音乐史上的重大价值，称之为“盖二千余年之所未有”。遗憾的是，十二平均律在中国并未受到足够的重视，甚至在清代引起过康熙帝和乾隆帝的严厉批评。英国著名学者李约瑟指出，朱载堉的十二平均律比西方早半个世纪，很可能是被西方传教士传入欧洲，对欧洲音乐产生了重大影响，只是中间的详细传播过程已经难以考证了。

十二平均律便于移调的能力，使其成为世界通用的律制，在键盘乐器中得到广泛使用，比如现代钢琴就是其中之一。可以说，如果没有十二平均律，转八度的音乐就难以实现，今天的音乐无疑会单调许多。

人们给予朱载堉很高的评价，十二平均律被认定为世界通行的标准音调。德国物理学家亥姆霍兹评价朱载堉说：“在中国人中，据说有一个王子叫载堉的，他在旧派音乐家的大反对中，倡导七声音阶。把八度分成十二个半音以及变调的方法，也是这个有天才和技巧的国家发明的。”李约瑟则称朱载堉为“中国文艺复兴式的圣人”。（衣抚生）

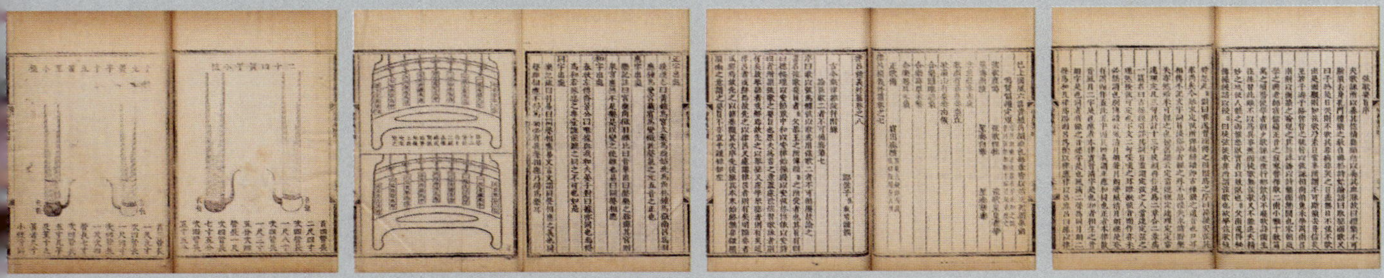

《乐律全书》书影

萨尔浒之战

萨尔浒之战是明朝与后金之间的一次重要战役，以后金全胜、明军大败而结束。此次战役成为明朝与后金力量对比的转折点，此后明朝对后金只能采取守势，而后金则由战略防御转向进攻。

后金崛起

明代的女真族分为建州女真、海西女真和野人女真三大部，明朝在建州女真聚居地设立了三个卫所，并委任其世袭首领来管理当地的军事和行政事务。万历十一年（1583年），明军征讨行为不轨的女真首领王杲、阿台父子，误将一个小部落酋长努尔哈赤的父、祖杀死。努尔哈赤为了报仇，以父、祖留下的十三副铠甲起兵，展开了对女真各部的兼并战争。

在明朝的纵容下，努尔哈赤先后打败海西女真叶赫部、乌拉部、辉发部等强有力的竞争对手，又与蒙古结盟。他最初以黄、白、红、蓝四旗统兵，后来又增设了四镶旗，建立起八旗制度。经过数年经营，东北各部的优秀骑射兵士几乎全都被努尔哈赤收到麾下，他所辖的疆域也越来越广。

努尔哈赤画像

万历三十一年，努尔哈赤在苏子河畔营建赫图阿拉城（今辽宁新宾西）。这里是努尔哈赤的祖居地，也是建州卫所在地。后来经过几次扩建，赫图阿拉逐渐成为女真的政治、经济、文化中心。万历四十四年，努尔哈赤在赫图阿拉称汗，定国号为金，史称后金，建元天命，正式与明朝分庭抗礼。

“七大恨”誓师反明

努尔哈赤建立后金，实际是另立政权，从此脱离明朝的统治，而明朝则要维护天下一统，双方最终爆发了军事冲突。后金天命三年（明万历四十六年，1618年）四月十三日，努尔哈赤率领八旗诸贝勒大臣，举行告天仪式，公开宣读“七大恨”，历数明朝对后金的七大罪状，率两万八旗劲旅誓师讨明。

对明朝的首次进攻，努尔哈赤选择了辽东地区的重要商贸中心——抚顺。他将八旗军分为两路，一路由左翼四旗进攻东州堡、马根单堡（皆在今辽宁抚顺东南），侧击抚顺；一路由自己亲率右翼四旗直扑抚顺。努尔哈赤出其不意，打了明军一个措手不及。据守抚顺的明军溃不成军，总兵张承胤战死，游击将军李永芳投降。努尔哈赤攻占抚顺后，俘获了大量财物、牲畜，他迁走城中的所有百姓，并将抚顺城拆毁。抚顺之战，后金给了明军沉重打击。

七月，经过休整，努尔哈赤又率军攻入鸦鹘关，进围清河城。清河城位于抚顺东南，是边防要塞，重要性仅次于抚顺。努尔哈赤率领的八旗军顶着明军的大炮，用大木板做掩护，从下边挖倒城墙，攻入城中。明军副总兵邹储贤战死，部下一万余人被歼灭，清河城破。这两次战争合称“抚清之战”，拉开了明朝与后金的战争序幕。

《满洲实录》中描绘后金军攻打辽阳的插图

明朝的战争准备

抚顺、清河等地相继失陷，战报传到北京，明神宗大为震惊，这才意识到后金的威胁。朝廷讨论后，认为曾任辽东巡抚的杨镐熟悉辽东军务，就起用他为兵部右侍郎，命他经略辽东。朝廷又从各地抽调兵马，并通知朝鲜和叶赫部策应，以李如柏、杜松、刘綎等为主将，准备一举攻灭后金。

但此时朝中有不少反对的声音，导致攻打后金的准备进展十分缓慢。将领迟迟不肯出关，军队调集不齐，粮饷也未备齐，明朝的战争准备从万历四十六年四月中旬，一直延续到第二年二月，长达十个月。

明朝需要一场胜利，又担心这场胜利的成本太高，于是催促杨镐尽快出兵，要求他速战速决。朝廷认为冬季青黄不接，正是北进的好时机，若战事延长到夏秋，北方骑兵在充分的补给之下战斗力惊人，就更难战胜了，因此进兵刻不容缓。

万历四十七年二月，杨镐仓促地将军队分为四路，准备合击后金都城赫图阿拉：北路以总兵马林为主将，从开原出靖安堡；西路以山海关总兵杜松为主将，从沈阳出抚顺；南路以辽东总兵李如柏为主将，从清河出鸦鹘关；东路以总兵刘綎为主将，从凉马佃出宽甸堡。杨镐则坐镇沈阳，节度诸军。

决战萨尔浒

出征之前，天降大雪，杨镐奏请暂缓出师，朝廷重臣方从哲、黄嘉善等不同意，强令杨镐出师。

明军不熟悉东北地形，也不适应那里的寒冷天气，四路大军彼此之间并不熟悉，缺乏配合，因此杜松、刘綎再次请求暂缓出兵。杨镐勃然大怒，说：“养兵千日，用在一时。再敢推诿，军法伺候！”他还拿出尚方宝剑，威逼众将出兵。

明军开拔之后，为了鼓舞士气，杜松不穿铠甲，轻装前行，并放出豪言：“老夫从军三十年，不知甲胄为何物。”刘綎出征时也说：“有死而已。”后来他们都以生命捍卫了自己说过的话。

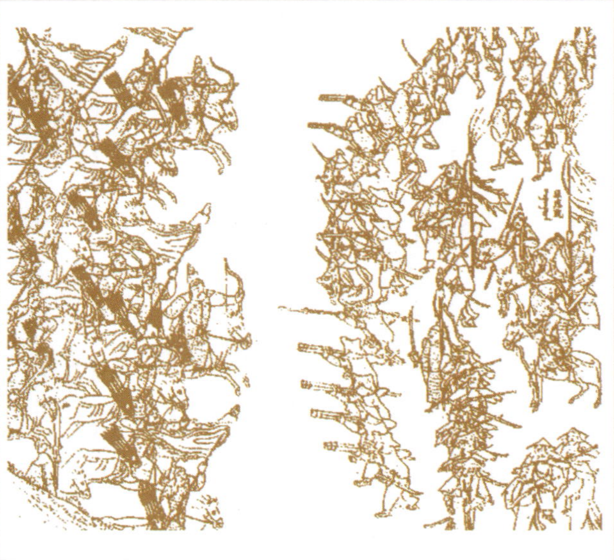

《满洲实录》中描绘萨尔浒之战的插图

明军大举来攻，努尔哈赤分析道：“明军大张旗鼓地从南边来，就是想诱我分兵向南。其北必有重兵，要打就应该打最强的。”于是他决定采取“凭你几路来，我只一路去”的作战方针，集中优势兵力，全力进攻西路明军。

三月初一，立功心切的杜松率西路明军抵达浑河岸边，其他几路明军则进展缓慢。此时，杜松得知后金有一万五千人正在界藩城修筑防御工事。界藩城位于铁背山上，是浑河与苏子河交汇之地，浑河从铁背山脚流过，河南即萨尔浒（今辽宁抚顺东浑河南岸）。

铁背山山势雄伟，山上树木繁盛，巨石嶙峋，地势险要，界藩城易守难攻。而且它的地理位置十分重要，是通往后金都城赫图阿拉的咽喉要塞，过了界藩之后便是一马平川，无险可守。因此，杜松将主力部队留驻萨尔浒扎营，自己亲自率领一部分军队进攻界藩城。

但杜松不知，努尔哈赤已向界藩方向调集兵力。努尔哈赤的计划是，先以主要兵力歼灭杜松留驻萨尔浒大营的主力部队，再来解决进攻界藩的明军。于是，他令大贝勒代善、四贝勒皇太极率右翼两旗增援界藩，自己则亲率六旗直捣明军萨尔浒大营。

萨尔浒的明军见金军来袭，出营应战。他们连发弓矢、炮弹，一时间硝烟弥漫，炮火连天。双方交战片刻，天色突变，晦暗难辨。明军点燃火把照明，反而暴露了自己的位置。后金军躲在暗处，万箭齐发，明军纷纷中箭。努尔哈赤趁势指挥后金军攻入明军大营，明军主力溃败。

与此同时，代善、皇太极率领的两旗兵在界藩守军的配合下，向进攻界藩的杜松发起攻击。努尔哈赤消灭萨尔浒的明军后立即赶来支援，断了明军的后路。杜松指挥明军奋战不休，仍顶不住努尔哈赤的进攻，最终与副将王宣、赵梦麟等全部战死。西路明军全军覆没。

明军溃败

同一天，北路明军马林部赶到尚间崖扎营。代善得到报告后，立即派遣骑兵来战。马林军听闻杜松败没，胆战心惊。马林在战场上也缺乏应变能力，他下令收拢军队，龟缩在战壕之内，将火器

女真男子画像

此图为万历三十七年雕版印刷的女真男子画像，原图注解说女真人居住在长白山附近，着“鹿鞋鳞装”。

部队列于战壕之外，并布置骑兵防护。马林又命潘宗颜、龚念遂各领一部人马，与大营成掎角之势，以阻击敌人。加上不远处的杜松后队车营，三大营成品字形列阵。但马林消极防御，三大营之间毫无配合联动，完全是各自为战。

努尔哈赤率军赶到，见马林分兵立营，于是决定各个击破。他与皇太极率先摧毁了龚念遂部，其他两部明军如同惊弓之鸟，坐视同袍败亡却不敢救。随后，努尔哈赤率军由上而下攻击马林军营，马林得知龚念遂营已破，见形势不妙，带数骑亲兵逃遁。后金军攻占尚间崖，接着又击败了潘宗颜部，北路明军彻底溃败。叶赫兵得知马林兵败，立即撤回。

连续攻灭明军西路、北路两军后，努尔哈赤立即调兵南下。他留四千人保卫都城赫图阿拉，以待从清河来的李如柏部南路明军，又命代善、皇太极等人率军南下迎战刘綎率领的东路明军。

此时东路刘綎大军尚不知两路明军兵败的消息。由于山路崎岖难行，朝鲜援军又龟缩不前，耽搁了时间，刘綎部未能按时到达赫图阿拉，仍在北进的途中。东路明军作战勇猛，在途中击败了阻击的五百名后金军，继续朝赫图阿拉挺进。

努尔哈赤想出了一条妙计，他让明军降卒拿着杜松的令箭前往刘綎军，谎称杜松部已到达赫图阿拉，诱骗刘綎轻装极速前进，同时在前方设下埋伏，待刘綎部经过时，突然发动袭击。刘綎率部列阵应战，代善让人冒用杜松军的衣服旗帜混入其中，搅乱明军。皇太极等趁机发起猛攻，刘綎最终战死，东路明军全军覆没。后金军乘胜追击，协从的朝鲜兵投降。

短短数天之内，后金军就击破了三路明军。坐镇沈阳的杨镐听闻，急忙传令南路李如柏军撤回。李如柏行军途中，遇到八旗游骑二十人。这些骑兵大呼小叫，鼓噪追逐，李如柏以为后金大军赶到，惊慌逃命，南路明军自相践踏，死了一千多人。

萨尔浒之战改变了明朝与后金的战争走向。在这次战役中，明朝举全国之力，试图攻下赫图阿拉，消灭后金，结果却遭遇惨败。明军阵亡数万人，元气大伤，已无力再次发动战争。面对如此惨败，明神宗痛哭流涕，第二年就在忧愤和不甘中死去。努尔哈赤获得全胜，不但巩固了后金政权，而且从此夺得了辽东战场上的主动权，严重威胁到了明朝的统治。（陈二峰）

萨尔浒之战明军各主帅结局

萨尔浒兵败后，明军主帅杨镐引咎辞职，崇祯二年（1629年）被处决。明军西路军主帅杜松、东路军主帅刘綎战死。北路军主帅马林也在稍后的开原之战中阵亡。南路军主帅李如柏迫于舆论的压力，于萨尔浒之战一年后自杀。

辽宁抚顺赫图阿拉城汗宫大衙门宝座

风雨家国东林党

东林党是明朝末年以江南士大夫为主形成的政治集团，他们品评官吏、讽议朝政，积极与齐党、楚党、浙党及阉党等政治派系进行斗争，试图开放言路、革除积弊，却也引发了明末激烈的党争局面，为明朝的灭亡埋下了伏笔。

东林党的由来

明军在萨尔浒惨败，辽东经略杨镐指挥无能是一个很重要的原因。而这样一个平庸之人却被委以重任，实际上是党争的结果。万历中期以来，朝廷党派林立，党争不断，政治日趋腐败，而大臣结党的源头竟是一座不起眼的书院。

万历二十二年（1594年），内阁首辅王锡爵因年老辞官，明神宗让吏部推荐阁臣，当时在吏部任职的顾宪成推荐了五六名官员，都不合明神宗的心意，明神宗便以徇私为名罢免了顾宪成。顾宪成对仕途失望，回到无锡老家，开始致力于讲学，想通过教育和学术实现兼济天下的抱负。

风声雨声读书声，声声入耳；
家事国事天下事，事事关心。
——东林书院对联

顾宪成从小就聪明过人，博学广闻，又直言敢谏，在士大夫中声望很高。他返回故乡后，许多年轻学子慕名前来向他求学。顾宪成想找一个合适的读书、讲习之地，看中了无锡城东的东林书院旧址。这里曾是宋代知名学者杨时等人的讲学之地，因年久失修逐渐荒废。顾宪成提议重修书院，得到了辞官归家的高攀龙等人的赞成。他们发起捐资，得到府、县及邻近地区官员的资助。

顾宪成画像

几年后，书院重修完成。顾宪成为东林书院起草会约，建立讲会制度，规定每年举办一次十日大会，每月举行一次三日小会，每次由一人主持讲会。顾宪成和弟弟顾允成，同郡的高攀龙、叶茂才、安希范、刘元珍，以及武进的钱一本、薛敷教是主要的讲学者，他们被称为“东林八君子”。

顾宪成等人倡导士人以立志救世为己任，关心国事。讲学之余，他们往往议论朝政，品评人物。东林书院开创了一种全新的讲学风气，引起了朝野的广泛关注。顾宪成等人身体力行，刚直不阿，他们身边很快就聚集起一大批读书人，除了青年学子外，还有一些与当政者意见不合、退居山林的士大夫，东林书院逐渐成为声势浩大的舆论中心。

聚集在东林书院的人大都自负气节高洁，他们抨击时政，反对贪赃枉法，力主广开言路，推崇求真务实，追求政治清明。这些主张得到了一大批朝野人士的响应，与此同时，也得罪了另一批官员，政敌便称他们为“东林党”。

京察之争卷入党争

万历中期以后，明神宗日渐沉溺于后宫，荒废朝政，他既不上朝，也不接见官员，就连官员变动、职官发生缺额也不管不顾。万历三十年，南、北两京原有的十二名尚书、二十四名侍郎，竟然空缺了近三分之一。

万历三十七年前后，内阁中的官员只有叶向高一人，补充阁员成为当务之急。朝廷里许多官员推荐曾任漕运总督、淮扬等地巡抚的李三才入阁，遭到工部郎中邵辅忠、御史徐兆魁等人的强烈反对。围绕着李三才入阁的问题，朝廷内外展开了针锋相对的争论。李三才与东林党人顾宪成等交好，邵辅忠、徐兆魁则是浙党领袖沈一贯的亲信，由此引发了东林党与非东林党之间的激烈斗争。

当时朝廷中因地缘关系结成了各种“党派”，有山东籍官员组成的齐党、湖广籍官员组成的楚党、浙江籍官员组成的浙党，以及由南直隶宣城籍官员组成的宣党、昆山籍官员组成的昆党等。在这个激烈的争论过程中，反对东林党的齐党、楚党、浙党与宣党、昆党等党派逐渐联合起来，攻击东林党人，以排除异己为主要目标。

万历三十九年，正值六年一度的“京察”考核。明太祖建国时，设有对官员的考察制度，最初为三年一考，后来逐渐调整为六年一考。对在京官员的考察，就称为“京察”，对地方官员的考察则称“外察”或“外计”“大计”。因明代有南、

国本之争

“国本之争”指的是明神宗时围绕立太子形成的党争。明神宗的正妻王皇后没有儿子，明神宗不喜欢王恭妃生下的长子朱常洛，想要立自己宠爱的郑贵妃所生的三子朱常洵为太子。但废长立幼违背儒家礼法，坚守儒家传统的大臣纷纷上书谏言，主张立朱常洛为太子。围绕此事，朝廷内外展开了长达十几年的国本之争。

大臣们指责后宫干政，希望明神宗尽早册立朱常洛为太子，破除废长立幼的流言，明神宗却一再拖延。后来，为了平息大臣们的争论，万历二十一年，明神宗提出了“三王并封”的设想，即同时封长子朱常洛、三子朱常洵、五子朱常浩为王，等他们长大了，再挑其中一人当太子。这让朝臣一片哗然，他们争先恐后地上疏反对，明神宗被迫收回了封王的旨意。

东林书院依庸堂

东林书院道南祠

高攀龙画像

左光斗画像

杨涟画像

北两京，因此京察也分为“南察”和“北察”。

朝廷要考察官员是否称职，根据政绩分别给予晋升或调降、罢官等处罚。各党派互相对立，势同水火，纷纷争抢主持京察的职位，想以京察为工具打击对手。在之后各类有争议的政治事件中，东林党人都挺身而出，据理力争，他们也因此受到了反对派的大力打压。党争愈演愈烈，东林党人被卷入了明末的政治斗争中，成为党争的一个重要派别。大规模的党争从万历年间一直延续到南明灭亡，持续了半个多世纪。

明末三大案

漫长的国本之争，到万历二十九年，明神宗迫于朝廷百官的压力，册立长子朱常洛为太子而暂告结束。但明神宗同时册封三子朱常洵为福王，并以授田面积不足为由，依旧让他留在京中。按照明朝祖制，成年皇子不去封地就藩，是一件极不正常的事，有觊觎皇储之位的意思，因此朱常洛的太子之位并不稳固。

时任内阁大学士的东林党人叶向高多次上疏反对，在他的一再敦促下，万历四十二年，明神宗终于同意让福王就藩，东林党人取得了斗争的初步胜利。党争持续的同时，在国本之争中落败的郑贵妃一派仍心有不甘，随后发生的“梃击案”“红丸案”和“移宫案”与错综复杂的党争交织在一起，可以看作是国本之争的延续。

“梃击案”发生在万历四十三年，福王就藩的第二年。五月的一天夜里，一个男子手持棍棒，突然闯入太子宫中，打伤守门太监，试图伤害太子。事情败露后，此人被捕入狱，这就是“梃击案”。梃击事件是否有人策划，各党争论不休。东林党人认为这是郑贵妃一派的阴谋，他们为了扶立福王上位，筹划谋害太子朱常洛，主张严查。而浙党中人为了迎合明神宗的心意，辩称此人是个疯子。明神宗为了袒护郑贵妃，亲自处理此事，匆匆处死了闯入者，大事化小，小事化了。

明光宗画像

万历四十八年，明神宗驾崩，太子朱常洛即位，是为明光宗。明光宗沉溺酒色，身体十分虚弱，即位后不久身体就垮了。他服用了一名太监进献的药后病情加剧，这时，又有鸿胪寺官李可灼进献了两粒红丸，说是仙方。明光宗服用一粒后，身体似乎有所起色，于是又服用了第二粒，结果第二天便气绝身亡。明光宗在位仅一月便骤然去世，朝廷内外议论纷纷。东林党人试图追查案件主谋，上书抨击为此事徇私包庇的内阁首辅方从哲。方从哲是浙党首领，两派为此争斗不休，但最终也没有查出凶手到底是谁。这就是“红丸案”。

东林门人史可法

史可法是东林党人左光斗最看重的学生，他继承了老师顽强不屈、忠心为国的精神。清军南下时，史可法率领孤军镇守扬州，终因寡不敌众而失败。清军统帅多次想要招降史可法，都被他拒绝，最终史可法在扬州城下英勇就义。

明光宗死后，他宠爱的妃子李选侍依然居住在乾清宫，想要通过控制皇长子朱由校来掌控大权，干预朝政。东林党人左光斗、刘一燝、杨涟等人言辞激烈地反对，最终李选侍被逼无奈，搬出了乾清宫。朱由校这才得以继承皇位，是为明熹宗，改年号为天启。而反东林之人却攻击杨涟等人忤逆先帝，令皇帝逼逐庶母。围绕着移宫的是是非非，群臣争论不休。流言纷纷的情况下，杨涟不得不暂时离职。这就是移宫案。

明熹宗即位之初，对东林党人的拥立之功非常感激，起用了一大批东林党人，杨涟、左光斗、赵南星、高攀龙、袁可立等纷纷回归朝廷。他们大都身居高位，一时之间风头无两，东林党人迎来了黄金时代。（朱莉敏）

“东林旧迹”牌坊

“九千岁”魏忠贤

明太祖吸取汉代和唐代宦官专权乱政的教训，严禁宦官干预国政，违者处死，并将这一规定铸在铁牌上，立在宫中。但是明代宦官专权仍很严重，到明熹宗时，大宦官魏忠贤专权登峰造极，影响极为恶劣。

阉党崛起

明熹宗即位之初，曾一度重用东林党人，他起用熊廷弼、孙承宗、袁崇焕等能臣经营辽东，明末内忧外患的局势有所好转。但不久之后，明熹宗就疏于政事，朝政大权落入以魏忠贤为首的“阉党”手里。

魏忠贤是河间肃宁（今属河北）人，他原本是个地痞无赖，后来赌博输光了钱，欠了一屁股债，就自行阉割，入宫当了太监。在宫中，他认识了当时还是皇长孙的朱由校的乳母客氏，于是和客氏勾结在一起，借此接近、讨好朱由校。

明神宗去世后，长子朱常洛即位，但仅仅过了一个月他就去世了。朱常洛的长子朱由校匆匆即位，即明熹宗。明熹宗此时才十六岁，对自己的乳母客氏非常信任，擅长溜须拍马、谄媚迎合的魏忠贤也得到了明熹宗的信任，被提拔为司礼监秉笔太监。

明代司礼监专掌机密，批阅奏章，实权往往在内阁首辅之上。秉笔太监是司礼监次官，负责

明代《宪宗元宵行乐图》（局部）

这幅画又名《新年元宵景图》或《宪宗行乐图》，细腻地描绘了明宪宗朱见深在宫中张灯结彩，庆贺正月十五上元佳节的场景。虽然画作的初衷是记录皇室庆贺上元节的盛况，但场景内的宦官、杂耍伎人等人物，也让人得以了解宦官这一群体的历史风貌。

蒿尔东林万古心，道南祠畔白云深。
纵令伐尽林间木，一片平芜也号林。
——［明］高攀龙

将各部大臣的奏章、票拟意见等呈送给皇帝，并将皇帝的批示发还给内阁，位尊权重，地位仅次于掌印太监。魏忠贤目不识丁，竟当了秉笔太监，并且这颗毒瘤不断滋长，权势日益强大。

明熹宗从小就很喜欢做木工活，技艺非常高超，但对当皇帝并不上心。魏忠贤总是故意在明熹宗兴致勃勃地干木工时向他奏事，惹得明熹宗很厌烦。他经常不耐烦地挥手说："朕知道了，你们好好干。"长此以往，明熹宗不理政事，魏忠贤得以为所欲为。他不断培植党羽，搜刮财富，独揽内外大权。

魏忠贤得势之后，当时朝中失意的诸党派官员，为了与东林党对抗，纷纷投靠魏忠贤，形成了"阉党"。阉党规模庞大，宫内有三十多名太监爪牙耳目，宫外有文臣"五虎"、武将"五彪"，又有"十狗""十孩儿""四十孙"等大小爪牙。魏忠贤还在内廷操练了一支上万人的军队，他自己也身穿铠甲，进出宫门。

迫害东林党人

魏忠贤把持朝政，阉党势力遍布全国，作恶多端，引起了许多正直官员的愤慨。

天启四年，左副都御史杨涟上疏弹劾魏忠贤。他罗列了魏忠贤的二十四条大罪，指责他擅权乱政、陷害忠良、生活糜烂腐化。南北两京官员七十余人也纷纷上疏，对他表示支持，共同讨伐魏忠贤，意图合力铲除阉党。奏疏呈上后，魏忠贤害怕极了，急忙向明熹宗哭诉，假意说要辞去

东厂之职。客氏也在一旁竭力替他辩解。明熹宗不辨真假，对魏忠贤好言抚慰，让他继续提督东厂，还驳回了杨涟的奏疏，并痛斥杨涟。面对上百本弹劾魏忠贤的奏章，明熹宗根本不予理睬。

魏忠贤对弹劾他的大臣恨入骨髓，随即展开了大肆报复。天启五年，他以广宁失陷为由，将辽东经略熊廷弼和巡抚王化贞逮捕下狱，熊廷弼被冤杀。他诬陷熊廷弼通过东林党人汪文言贿赂杨涟等人以求减罪，一手制造了汪文言大案。魏忠贤一党首先逮捕了汪文言，对他严刑拷打，要他供述杨涟收受熊廷弼的贿赂。汪文言在狱中仰天大呼："世间岂有贪赃的杨大洪（大洪是杨涟的号）！"汪文言宁死不从，最后死于狱中。魏忠贤一党伪造了汪文言的证词，将东林党人杨涟、左光斗、魏大中、袁化中、周朝瑞、顾大章六人逮捕入狱。

刚直磊落的杨涟、左光斗等人在狱中受尽酷刑，面目焦烂，筋骨尽脱，被折磨得不成人形，但他们拒不妥协认罪。最终六人惨死狱中，时人称他们为"东林六君子"。

次年，魏忠贤再兴冤狱。他命人伪造奏疏，告发东林党人高攀龙、周顺昌、周起元、缪昌期、李应昇、周宗建、黄尊素贪污，将他们逮捕入狱。

碧云寺

碧云寺是北京香山公园北侧的一处园林式寺庙。天启三年，魏忠贤出资扩建碧云寺，并扩大自己的墓穴规模，结果还没等到墓穴投入使用，魏忠贤集团就覆灭了。清军入京后，魏忠贤的余党在碧云寺为其建了衣冠冢，清康熙年间，这座衣冠冢被康熙帝下令捣毁。

这七人中，除高攀龙不愿受辱投水自尽外，另外六人都被阉党虐杀于诏狱之中。这七名东林党人被尊称为"七君子"。

为了进一步打击东林党人，魏忠贤指使阁臣顾秉谦等人编《三朝要典》，歪曲梃击案、红丸案、移宫案的真相，捕杀东林党大臣，提拔自己的党羽。魏忠贤还让爪牙罗织了《天鉴录》《同志录》《东林点将录》等名单，把不依附自己的人一律称为东林党人，大肆诬告陷害。他还借明熹宗之手，下令拆毁全国书院，禁止讲学，压制言论。东林书院除了祭祀乡里先贤的祠堂外，尽数被毁，成为一片废墟。

祸国殃民终丧命

东林党的领导成员几乎都被逮捕或赶下野，东林党受到毁灭性打击，魏忠贤就这样一步步掌握了朝中大权。他不仅督掌东厂，手下党羽还执掌了锦衣卫，手握生杀大权。

阉党大兴冤狱，残害不依附自己的官吏，只要对魏忠贤稍有不敬，就会立刻大祸临头，连皇亲贵勋也不能避免。宁安大长公主的儿子被诬陷致死。中书吴怀贤在家中读到杨涟的奏疏，击掌赞叹，就被人告发，被阉党抄家杀头。百姓也不敢随便议论魏忠贤，否则或被处以酷刑，或被擒杀，以至于人们在路上相遇，只敢用眼睛示意，不敢说话。

有一次，京城有四个人夜晚在密室喝酒，其中一人喝醉后骂魏忠贤，其余三人吓得不敢出声。那人还没骂完，东厂的探子就冲了进来，将他们押往魏忠贤处。魏忠贤下令立即杀掉骂人者，并

明熹宗画像

赏给其余三人金子。那三人吓得魂飞魄散，呆立在原处一动也不敢动。

魏忠贤权势滔天，出行的车马、仪仗形同皇帝，所过之处，官民都跪在路旁高呼“九千岁”或“九千九百岁”。人们不知有明熹宗，只知有魏忠贤。他的养子、养孙及亲属都被委以重任，身居要职。为了奉承谄媚魏忠贤，各地官员争着给他建生祠，为他歌功颂德，耗费无数银钱。这些银子全靠搜刮百姓或侵吞公款筹措而来，还要砍伐树木，侵占百姓土地。有人甚至提出，要以魏忠贤配祀孔子，将他提到与孔子相同的地位，明熹宗竟同意了。

天启七年（1627年），明熹宗病逝，年仅二十三岁。因为他的儿子都早夭，皇位便由他的弟弟信王朱由检继承，朱由检就是崇祯帝。崇祯帝深知魏忠贤的罪恶，早就看不惯他把持朝政。为了麻痹他，崇祯帝对他加以安抚、封赏。大臣们陆续弹劾魏忠贤，但崇祯帝隐忍不发，等待时机成熟。

不久，嘉兴贡生钱嘉征上疏弹劾魏忠贤，列举了他的十大罪状。奏疏呈上后，崇祯帝让太监读给魏忠贤听。魏忠贤非常恐惧，急忙用重金贿赂崇祯帝的亲信太监徐应元，希望他能帮忙解救。崇祯帝知道后，痛斥徐应元，随后下诏将魏忠贤贬至中都凤阳看守皇陵。在前往凤阳途中，魏忠贤得知崇祯帝已派锦衣卫前来逮捕，自知罪恶滔天，难逃一死，便与同伙在旅店自缢身亡。

魏忠贤死后，崇祯帝下令清算阉党的罪行，定“逆案”，将党附魏忠贤之人分为六个等级，分别定罪，重者处死，轻者终身不用，祸国殃民长达七年之久的魏忠贤阉党集团终于灭亡。但由于政局长期混乱，明朝朋党之风积习已深，而崇祯帝为了加强统治，也宠信宦官，一切又走回了老路。这时，距离明朝灭亡已不远了。（赵长贵）

苏州五人墓

天启六年，魏忠贤派缇骑（tí qí，负责抓捕犯人的吏卒）到苏州吴县逮捕当时罢官在家中的东林党人周顺昌。周顺昌为人刚正耿直，敢于仗义执言，在家乡很受乡民的尊重。当缇骑宣读诏书时，数万民众聚集在衙门外为他请命。缇骑厉声喝道：“东厂抓人，鼠辈竟敢阻拦！”这下彻底激起了民愤，人们闯入衙门，当场打死了一名缇骑。事后苏州府县用军队保护缇骑，趁夜悄悄带走了周顺昌。东厂特务诬告苏州人民造反，朝廷打算派兵镇压。苏州市民颜佩韦、杨念如、马杰、沈扬、周文元为保护群众，挺身而出，主动投案，英勇就义。当地民众把他们合葬在虎丘山旁，还在墓前竖了一块石碑纪念他们。复社领袖张溥为此还撰写了散文名篇《五人墓碑记》来赞扬他们。

“三言二拍”

白娘子永镇雷峰塔、杜十娘怒沉百宝箱、卖油郎独占花魁……这些人们耳熟能详的故事都出自“三言二拍”。书中198个精彩的故事，陈说着五味杂陈的百态人生。

文艺新风尚

小说最早起源于唐代民间一种名为“说话”的文艺形式，“话”即故事。据唐代诗人元稹记载，有“说话人”讲述“一枝花”的故事，一直从深夜讲到第二天上午还没有讲完。“说话人”很专注，听众也很投入。到了宋代，“说话”更加盛行，“说话人”活跃于大街小巷、酒肆茶楼、官居民舍，讲述志怪传奇、神仙妖魔、侠义英雄、婚姻爱情等故事，题材丰富，妙趣横生，令人流连忘返。

为了把故事讲得圆满流畅，“说话人”将“说话”的底稿整理成了文字，这就是宋代出现的“话本”。刚开始的时候，话本内容比较简单，只有一个大致的提纲。随着时间推移，这些话本不断得到补充和修改，最终成为可供人们直接阅读的“小说”。

明代还出现了模仿宋代话本的“拟话本”，它是满足人们茶余饭后休闲和消遣的图书，并非专供“说话人”使用的。最初，这些话本和拟话本是一本一个故事。嘉靖年间，文学家洪楩（pián）汇集刻印部分故事，取名《六十家小说》，又称《清平山堂话本》，成为中国最早的白话短篇小说集。

晚明时期的长江三角洲地区，人口密集，商业、手工业繁荣，文化兴盛。除了昼耕夜诵、应考科举的读书人以外，许多商贩、手工业工人等市民阶层也都粗通文墨。他们家有余资，希望闲暇的时候可以看书、听戏、唱曲儿，获得精神上的愉悦。可是，走遍城中的书店和书摊，琳琅满目的多是给读书人攻读的那些艰深晦涩、难以理解的“正经书”，浅显易懂的轻松读物十分少见，供不应求。

这个社会需求吸引了书商，也吸引了想出书赚钱的读书人。他们相互联系，撰写图书，刻印出版，推动了白话小说的流行。

> 大厦之成，非一木之材也；
> 大海之阔，非一流之归也。
> ——［明］冯梦龙

《今古奇观》

“三言二拍”刊行后，抱瓮老人从中精心摘选出四十篇佳作，又对文字做了一些增删、润饰，编成《今古奇观》一书。抱瓮老人与冯梦龙同为苏州人，因此有人认为他可能是冯梦龙的朋友。《今古奇观》书前题有“墨憨斋手定”，书中四十篇作品有二十九篇选自“三言”，十一篇选自“二拍”，所收作品以明代为限，不收宋元话本旧作，是当时比较好的一部明人拟话本选集。

“三言”中的市井百态

万历二年（1574年），冯梦龙出生在苏州。这里是科举考试重地，每次考试都有大量读书人考中进士。冯梦龙从小学习刻苦，“才情跌宕，诗文丽藻”，同哥哥冯梦桂、弟弟冯梦熊一起被称为“吴下三冯”，在当地颇有名气。然而，这样的大才子竟然在考场上屡屡失意，直到五十七岁才补为贡生。

考场的不顺，对冯梦龙打击很大。他内心苦闷，一度彷徨于街头、戏场、酒馆和茶坊，过着放纵无羁的生活。一次宴饮，因厨师有事外出，席间一个青年人自告奋勇去做菜，不小心伤到了手指，但他却笑着说不痛。在场的人很奇怪，问他为何不痛，青年人说：“我刚才在玄妙观听人讲《三国志》，关云长刮骨疗毒，谈笑自若，我要向他学习。”

冯梦龙意识到了通俗小说在社会教化上的作用，不久后，在书商的邀请下，他搜集整理了宋元以来社会上传播的话本和拟话本，创作了《喻世明言》《警世通言》和《醒世恒言》，总称“三言”，三本各四十篇，共一百二十篇。

《今古奇观》书影

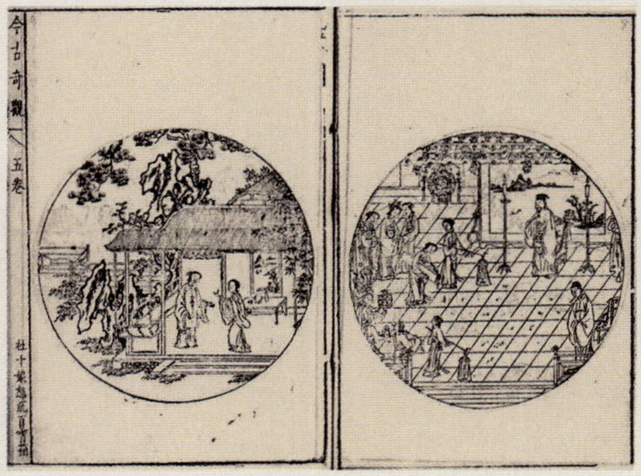

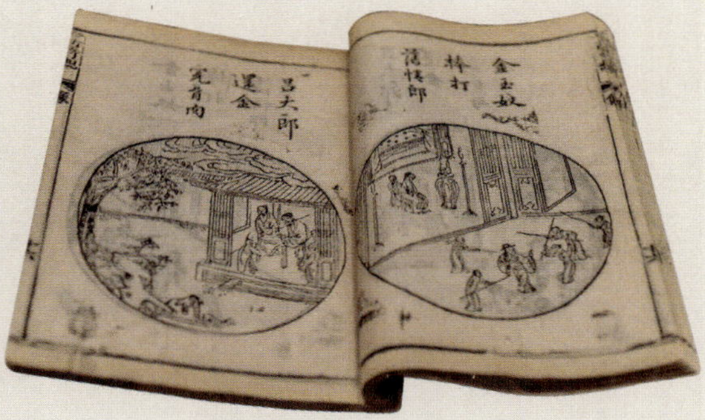

《绣像今古奇观》书影

冯梦龙心系家国，“三言”对官场官风十分关注，《沈小霞相会出师表》就是这方面的代表作。嘉靖年间，内阁首辅严嵩和其子严世蕃专权害人，作品鞭挞了奸臣严嵩父子的卑劣行径，歌颂了忠臣、贤士和临危不乱、智救丈夫的平民女性。

“三言”揭露了土豪劣绅的罪恶，《灌园叟晚逢仙女》是这一类的名篇。花神垂青勤劳善良的老头“灌园叟”，又卷起大风，惩处恶霸，满足了人们惩恶扬善的心愿。

“三言”颂扬了对美好爱情婚姻的追求。许多篇目中，年轻人不惜以生命相抗争，终得美好婚姻。“三言”刻意突出了诚信、勤劳的重要性，书中具有良好品德的工商业者最终都获得了成功。

冯梦龙之所以写“三言”，就是意图通过种种故事，使人“为忠臣，为孝子，为贤妇，为良友，为义夫，为树德之士，为积善之家”，达到劝喻、警诫、唤醒世人的效果。

拍案惊“奇”文

与“三言”同时期，还出现了另外两部与之齐名的小说集，这就是凌濛初所著的“二拍”。

万历八年，凌濛初出生于乌程（今浙江湖州）

一个官宦之家，他天资聪颖，文名斐然，读书也一向不错。然而，意气风发的凌濛初却在乡试屡次失败，赴南京和北京的国子监考试也未成功，他从此挥别科举，专心写作。

《秋山行猎图》折扇

此图为明代画家仇英所绘。

受“三言”的影响和书商的邀请，凌濛初撰写了《初刻拍案惊奇》和《二刻拍案惊奇》。书稿写完以后，阅读的友人无不拍案称奇，所以书稿就用“拍案惊奇”命名。

由于当时世间流传的小说几乎都已被冯梦龙汇编到了“三言”中，凌濛初写作时，不得不另起炉灶，取古往今来听到的有趣杂事为素材，自己进行创作，这样恰好成就了中国文学史上最早由个人创作的白话短篇小说集。

“二拍”对商人和商业更为推崇。比如，《转运汉巧遇洞庭红》讲的是明朝成化年间，商人文若虚是个“倒霉汉”，事事背运，家产败尽。三十多岁时，他的命运出现了转折。通过海上航行，贩卖“洞庭红”和在荒岛上捡到的巨大龟壳，文若虚一次出行就实现了腰缠万贯。这个故事褒扬了商人的冒险精神。其他篇目也表达了经商是“善业”，商人不是“贱流”，商贾应被视为“第一等生业”，科举应排第二的观点，这些都体现了明朝后期社会上对商业和商人看法的转变。

“二拍”对婚姻自由、自主、平等的观念更为赞同，也揭露了贪官污吏的罪行，这些类型的篇目也很多。

总之，“三言二拍”在明朝后期应运而生，满足了市民的精神需求，引发了明末清初白话短篇小说的创作高潮，影响深远。（吴小伦）

杭州西湖雷峰塔

家喻户晓的白娘子的故事就出自《警世通言》第二十八卷《白娘子永镇雷峰塔》。这篇小说讲述了白娘子和许宣的爱情遭遇重重阻挠，最终白娘子被法海和尚镇压在雷峰塔下，许宣则出家为僧。白娘子对爱情锲而不舍的追求是这篇小说所要表现的核心主题。

［明］仇英《南都繁会图》（局部）

传播西学的先驱徐光启

15世纪末到17世纪，世界进入“地理大发现”时代，欧洲的科技文明随着新航路上的船队不断向世界各地传播。明朝一些有识之士也发现了西方科技的进步之处，积极主动地学习新知识，引入新科技，徐光启是其中成就最大的一位。

实学思想始于农

“三言”的作者冯梦龙和“二拍”的作者凌濛初都出生于江浙地区，在明代，这里商业繁荣，历来是朝廷的赋税重地。这里的文教也很发达，明末著名科学家徐光启就是从这里出发，并走上传播西学的道路的。

嘉靖四十一年（1562年），徐光启出生在南直隶松江府（治今上海松江区）一个没落的商人家庭，生活比较拮据。为了一家人的生活，祖母和母亲起早贪黑地纺线织布，父亲也逐渐适应了贫苦人的劳作方式，种菜耕田，不避风雨。

徐光启画像

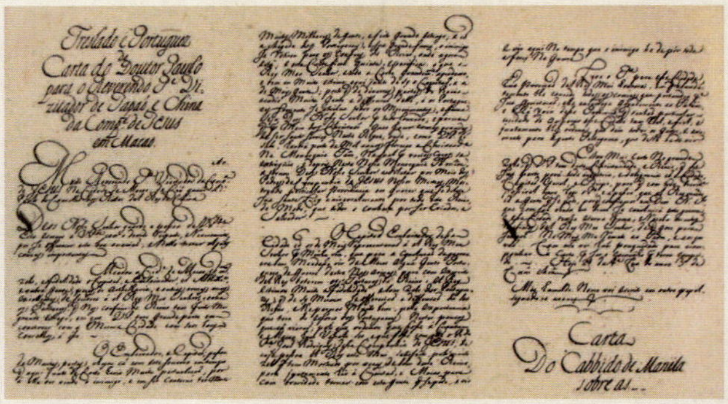

徐光启用拉丁文写给葡萄牙国王的信件

童年时代的徐光启聪明懂事，仁孝乖顺，眼见长辈们日夜辛劳，自己也积极投入其中，做些力所能及的事情。徐光启一生重视科技、坚守实学的思想根源，与这些经历不无关系。

徐光启生活的时代，科举入仕的氛围非常浓郁，家乡所在地更是科举重地，因此，父母也将他送去读书。徐光启明白家庭的困难和父母的期待，敏而好学。万历九年（1581年），徐光启考中秀才，迈出了科举入仕的第一步。

然而，徐光启对“有用之学”的追求与“八股取士”的考试风格格格不入，导致随后的数次乡试均未成功。此时，徐光启家境已经十分贫困，有时连果腹都做不到。他既惭愧又焦虑，不得不在备考的同时，兼任村里的教书先生，赚取一点收入，还要下田劳动，植粮种蔬。

为了尽可能增加家里仅有的几分薄田的粮食产量，徐光启又去翻阅农书，钻研天文、历法、水利、数学、测量等许多与农业生产有关的知识和技术。随着阅读面越来越广，他与自然科学的接触也越来越多。所以，当西方科技进入明朝的那一刻，徐光启已经在知识储备和思想观念上做好了融会贯通的准备。

> **八股取士**
>
> 明朝八股文取士的制度，经过成化年间的改革，一直沿袭至清末。八股文由破题、承题、起讲、入手、起股、中股、后股、束股八部分组成。后四股中，每股又须有两股排比对偶的语句，共计八股，故称“八股文”。应试者须按四书五经立言，难以发挥个人见解，思想和才华受到了极大束缚。

与传教士交朋友

万历二十三年的一天，受聘到广东韶州教书的徐光启，偶然闲步到天主教堂，邂逅了意大利传教士郭居静。两人一见如故，相谈甚欢。

在教堂里，徐光启第一次见到了具有现代意义的世界地图，感受到了一个远超郑和下西洋所带来的更大的世界；第一次听说了天文望远镜，可以清楚地看到夜空中星星的运行；第一次看到了西式日晷、自鸣钟等一些新奇工具；第一次听说地球是圆形的，一个名叫麦哲伦的人成功围绕地球航行了一周……所有这些闻所未闻的新奇事物，让徐光启大开眼界，惊讶不已。“西方国家的科学不是雕虫小技啊，他们还有多少新科技、新发明？”他陷入了沉思，“不能再夜郎自大、故步自封了！”

惜别郭居静后，徐光启继续科举之路。万历二十五年，他在京师应考举人，幸运过关。只可惜，梦圆举人的兴奋还未消散，就迎来了第二年会试的失败，徐光启只好收拾行李回乡。途经苏州时，他见到了利玛窦绘制、赵可怀仿刻的世界地图，名为《山海舆地图》。回到家乡后，他又见到了利玛窦重绘、吴中明刊印的新版世界地图。徐光启对“利先生”的印象越发深刻。

万历二十八年，徐光启在南京见到了名声正盛的利玛窦。两人连日长谈，形影不离。徐光启折服于利玛窦的天文、历法、数学等自然科学知识，称赞利玛窦为“海内博物通达君子”。仅仅一次会面，徐光启就与利玛窦成为志同道合的好朋友，学习西方科学知识的愿望在他的内心喷涌而出。

《利玛窦与徐光启》铜版画

万历三十二年，徐光启结束了二十三年的科举长跑，考中进士，任职于京师。让他特别激动的是，利玛窦三年前来北京后，一直留在这里，得同城之便，自己终于可以有大把的时间和机会向他请教西学了。

欧几里得画像

欧几里得是《几何原本》的作者。关于他的生平，我们所知不多，只知道他大约生活在两千两百多年前的希腊化时代。几何原本涵盖了古希腊几何学和数论的基础内容，开创了公理化体系，对后世数学，乃至近代科学的发展产生了深远的影响。

刻苦钻研终有成

有一次，徐光启去向利玛窦讨教。利玛窦说："古希腊数学家欧几里得曾经写过《几何原本》，其中的数学理论、计算方法很实用。"徐光启一听，当即决定翻译过来。

此后，两人密切合作，利玛窦口译，徐光启笔录，字斟句酌，再三修改，终于完成了《几何原本》前六卷的翻译。《几何原本》的公理化体系奠定了近代数学的理性思维基础。其中，几何、点、线、面、角、四边形等许多我们今天耳熟能详的数学名词，都是利玛窦、徐光启首先使用并确定下来的。

徐光启在天文历法上的贡献缘起于崇祯二年（1629年）钦天监对日食测报的失准。因明朝使用的《大统历》年代已久，多次出现实际天象与预报不合的现象。崇祯二年，钦天监预报又出现错误，崇祯帝盛怒之下，下令成立历局，命徐光启主持修订历法。

徐光启在此之前已与传教士合作，翻译过西方天文学著作，对西方天文仪器的构造、原理、观测方法有了一定的认识。接到编订新历的旨意后，徐光启再次编译、学习了一些西方天文学著作，作为理论和技术指导。经崇祯帝批准，他又将西洋人龙华民、邓玉函、罗雅谷等纳入翻译队伍，以便全面、系统地了解最先进的西方历法，

北京古观象台

始建于明正统七年（1442年），是明清两代的皇家天文台。此处建筑完整，仪器齐全，现存仪器大多制造于清代，体现了明末清初中西文化的交流。

上海徐光启墓牌坊

徐家汇

晚明名臣、科学家徐光启曾在这里建农庄别业，从事农业实验并著书立说，逝世后即安葬于此。其后裔在此繁衍生息，初名“徐家厍（shè）”，后渐成集镇。徐家厍地处蒲汇塘、肇嘉浜和李漎泾三水汇合处，因徐氏家族汇居于此，在清康熙年间便得名徐家汇。

并在此基础上制定新历。为了编制精准的历法，徐光启制作了日晷、望远镜等多种仪器，组织了多次天文观测，获取了大量科学资料。徐光启在观测中一丝不苟，亲力亲为。

《崇祯历书》于崇祯七年完成修订，书中引入了“地球”“经纬度”“一日二十四小时”等新概念及新式计算方法，使中国的天文学走上了与世界并行的轨道。令人惋惜的是，徐光启于崇祯六年去世，未能亲眼看到最后的成果，但他的贡献是不可磨灭的。

徐光启对农学也非常关注。他结合自己长期的农耕经验和相关试验，在所著《甘薯疏》《农遗杂疏》等农学作品的基础上，完成了六十卷、五十余万字的百科全书式著作《农政全书》。值得一提的是，书中引入了他与人合译的《泰西水法》等西方农业科技成果，为中国传统农业增添了新的内容。

徐光启在军事上的建树也值得称道。他见识过西方火器的威力之后，提出“火器者，今之时务也”，认为只有运用先进武器，才能打败后金骑兵。在他的提议下，崇祯三年，西洋火炮运入京师，崇祯帝赐名“神威大将军”。紧接着，二十门佛郎机炮、三百门西洋火炮被安置到战争前线，另有多门西洋火炮配备在几个战略要地。

徐光启不满足于单纯的火器引进，还非常关心火炮的制造技术，甚至愿以七十岁高龄，亲往濠镜澳，以求得火铳制作之法。

同时，徐光启意识到新式火器必将带来进攻与防御体系的改变，提出了新的作战方案，积极探索火器与步兵、骑兵的配合，及其在城市攻防战中的作用，并撰写《兵机要诀》等书，指导新军操练和武器制造。

作为明代伟大的科学家，徐光启在数学、天文、历法、军事、水利、测量等方面都取得了很高的成就，堪称中国近代科学的先驱。（吴小伦）

《农政全书》书影

袁崇焕之死

明朝蓟辽督师袁崇焕堪称一代名将，先后取得宁远大捷、宁锦大捷，但因为不得魏忠贤欢心而辞官回乡。崇祯帝即位后，袁崇焕被重新起用。他击退皇太极，解京师之围，却遭魏忠贤余党诬陷，皇太极又趁机实施反间计，最终袁崇焕被崇祯帝凌迟处死。

沙场初建奇功

袁崇焕生于万历十二年（1584年），祖籍广东东莞（一说其为广西藤县人），他自幼学习儒家经典，熟读经书。在他成长的年代，明朝已是弊端丛生，国家军事衰落，财政紧张，内起党争，外有敌患。万历四十六年，努尔哈赤以“七大恨”昭告天下，起兵反明。一向忧心国事、胆识过人的袁崇焕开始关注边塞军务，谈论兵事。

万历四十七年，袁崇焕考中进士，踏入仕途。在福建任职时，袁崇焕看到后金时常进犯，封疆沦陷、边民涂炭，满腔热血激荡，想要力挽狂澜。天启二年（1622年），明朝在与后金的广宁之战中战败，整个辽东地区都落入后金之手，辽东经略熊廷弼被斩首示众。明朝已无人愿意收拾辽东这个烂摊子，在此危难之际，袁崇焕出现了。

袁崇焕画像

广宁之战后，在朝廷商议如何坚守山海关要塞时，袁崇焕单枪匹马奔向关外，巡视军情。不久，他回朝上报关外形势，胸有成竹地立下军令状：“只要给我足够的兵马钱粮，我一个人就可以镇守山海关。”朝廷赞赏他的英勇谋略，提拔他为佥事官，监理山海关外诸军。

偕诸将游海岛

［明］袁崇焕

战守逶迤不自由，偏因胜地重深愁。
荣华我已知庄梦，忠愤人将谓杞忧。
边衅久开终是定，室戈方操几时休？
片云孤月应肠断，桩树凋零又一秋。

明代火铳

袁崇焕一上任，便深谋远虑，步步为营。他招募士卒，安置流民，身体力行，深得士兵的信赖和拥护。朝廷重臣孙承宗巡行边塞，对袁崇焕十分赏识，经常与他共商边疆军事。袁崇焕不负众望，大力修筑城池，裁定规制，整顿边防守备，两三年内就收复了锦州、松山、杏山、大小凌河等两百余里失地。但不久，宦官魏忠贤专权，孙承宗被排挤出朝廷，袁崇焕也遭连累，执掌军事常被掣肘。

天启六年，努尔哈赤率军西渡辽河，抵达宁远。大敌在前，阉党任命的辽东经略高第却龟缩在关内，不敢出征，宁远顿时陷入孤立无援的境地。在敌军的重重包围下，袁崇焕挺身而出，拒绝努尔哈赤的诱降，并“刺血为书”，誓与宁远共存亡。他身先士卒，激励将士，利用西洋巨炮阻击，后金军久久不能攻下城池，知难而退。一直所向披靡的努尔哈赤难以接受这次失败，不久便愤恨而死。袁崇焕以一座孤城成功守卫了辽东，史称“宁远大捷”。

在袁崇焕的积极建设下，明军逐一收复了高第所放弃的关外城池。天启七年，皇太极率领后金军围攻锦州，袁崇焕以水军牵制敌军兵力，并派遣精锐骑兵在敌军后背围攻。明军英勇奋战，击退了皇太极的进攻，获得宁锦大捷。明朝“十年积弱，一旦挫其狂锋”。然而袁崇焕再次遭到魏忠贤及阉党的嫉恨与攻击，被迫辞官还乡。

《满洲实录》中描绘宁远之战的插图

重新起用

天启七年，明熹宗去世，崇祯帝继位。他勤俭自律，励精图治，一心想重振朝政，扭转危局。在铲除魏忠贤及阉党后，赋闲的袁崇焕被重新起用。

年轻的崇祯帝在平台召见袁崇焕，袁崇焕深感知遇之恩，说出五年平复辽东的豪言壮语，以宽慰崇祯帝。忧心明朝江山的崇祯帝信以为真，但“五年复辽”的承诺，也给袁崇焕的后半生埋下了隐患。

多年守边的袁崇焕对边疆形势了如指掌，深知明朝积弱，所以在镇守边关的时候坚持以守为主，以征战、和议为辅的战略原则，慢慢推进，以期将后金赶出全辽，这明显是一场持久战。袁崇焕察觉到了自己在朝堂上的轻率，为了全力以赴，他奏请崇祯帝，要求拨付大量军饷器械，以及调兵选将之权，还期望朝廷内外配合。崇祯帝一一应允，热切希望他能马到成功。

（崇祯帝）性多疑而任察，好刚而尚气。任察则苛刻寡恩，尚气则急遽失措。

——《明史》

戎马功过

重战沙场的袁崇焕，地位、名望、权力也随之上升。然而袁崇焕虽满心为国，但在行事上不免冲动。

大将毛文龙曾在抵御后金、防守镇江（今辽宁丹东东北九连城镇）时立下战功，受赐尚方宝剑。随着势力不断扩张，毛文龙居功自傲、不服从指挥的情况经常发生。袁崇焕一怒之下决定将他除掉，于是以“阅兵”为名，前往毛文龙的驻地，宣布他的“十二斩罪”，擅自将其处决。崇祯帝闻讯大吃一惊，但是碍于边疆已无将才，只能

崇祯帝画像

压制怒火，期待袁崇焕如期收复辽东。

崇祯二年，皇太极率领后金主力部队，避开袁崇焕把守的宁远，从喜峰口突破长城，直逼北京城下。明朝江山危在旦夕，崇祯帝既惊慌又恼恨。

袁崇焕匆忙率军长途奔赴京师救援，崇祯帝再次克制怒火，亲自给他披上了貂皮大衣以鼓舞士气。袁崇焕将貂皮大衣换成铠甲，背城布阵，在北京左安门与皇太极展开了波澜壮阔的最后一战。经过十天鏖战，明军将士用血肉之躯挡住了后金军的进攻，京城暂时解围。

尽管袁崇焕抗击敌军暂时取得胜利，但皇太极见一时无法攻破北京城，便使出离间计，散布与袁崇焕有密约的谣言。一时间，京师上下对袁崇焕满是质疑。

早已生出戒备之心的崇祯帝再次召见袁崇焕，形势急转直下。他声色俱厉地逼问袁崇焕："你为什么要杀毛文龙？为什么敌军能长驱直入，进犯北京？你和皇太极有何密约？"在崇祯帝的眼中，这一切都像是袁崇焕的阴谋。袁崇焕被当庭逮捕下狱，他的部下祖大寿愤愤不平，带领士兵离京远走。

大敌当前，在袁崇焕的眼里，没有什么比守卫明朝江山更为重要，于是他传书信让祖大寿回京杀敌。祖大寿英勇奋战，后金败退而去。

然而祖大寿的军功也未能给袁崇焕洗脱嫌疑。党争加剧，加上对后金不知何时再犯的疑惧，使袁崇焕再次成为靶心。很多人落井下石，构陷他勾结外敌。经过六个多月的审判，朝廷判定袁崇焕通敌叛国，罪大恶极，处以凌迟极刑。

八年戎马生涯，袁崇焕创下宁远、宁锦大捷，功劳显著。然而从后金大军直击北京城起，人们想到的就不再是后金的强大，而是对守边大臣袁崇焕的怀疑和愤恨。后金散播的谣言、社会的诽谤、当朝之臣的构陷、崇祯帝的猜疑，共同导致了"通敌叛贼"袁崇焕被凌迟处死的命运，这对于大厦将倾的明朝来说无疑是自毁长城。（朱莉敏）

毛文龙的"十二斩罪"

努尔哈赤起兵以来，明朝辽东之地几乎全部落入后金之手，只有孤悬海外、由毛文龙镇守的皮岛仍在明朝手中，成为后金南下时的一个重要牵制。袁崇焕为总揽辽东军权，设计控制住毛文龙，然后宣布他专制一方、侵吞粮饷、劫掠商船、养寇自重等"十二斩罪"，将他处死。但毛文龙的所谓"十二斩罪"，很多都不能成立，以他所占的一隅之地，实在难有很大的作为。后来袁崇焕被杀，罪状之一便是擅杀毛文龙。

明万历年间掐丝珐琅甪端

甪（lù）端是古代传说中的瑞兽，与麒麟相似，头上有一角，足下常踏一蛇，好生恶杀。因为它只陪伴明君，专为英明帝王传书护驾，因此成为帝王宝座两旁的必配陈设，象征光明正大、秉公执法。这件甪端通高36.5厘米，通体以豆绿色珐琅为地，以红、黄、蓝、白等色做圆圈纹装饰器身，掀开头部放入香料，香气可从口部飘出，集典章陈设和实用熏香于一体，具有多种功能。

游历天下的徐霞客

中国幅员辽阔，千百年来人们对这片生息繁衍的土地有着丰富的记录描绘。明代徐霞客在游记中不仅上承地志传统，记录了中国人口聚居地区的山岳河川，还远赴云南边疆地区，记录了之前鲜少有人考察的云贵高原喀斯特地貌。

少年立志游天下

万历十五年（1587年），徐霞客出生于南直隶江阴（今属江苏）一个富裕的书香世家。他本名弘祖，“霞客”是其友人陈继儒在他三十九岁时给他取的别号。因为他一生酷爱游历山川，就如同云霞一样踪影难追，因此便叫了这个名字。

徐霞客从小家庭生活比较富裕，他的父亲不爱权势，只是鼓励徐霞客多读书，做一个有学问的人。不同于当时士子为求取功名所读的四书五经，徐霞客喜爱的都是介绍山川地理的书籍。因为这一浓厚的兴趣，他很早就放弃了科举入仕的念头，立下了此生要遍游天下名山大川的志向。

徐霞客十九岁那年父亲去世，他虽然有出外游历的愿望，但不忍心将年迈的母亲独自留在家中。徐母深知儿子的志向，于是鼓励儿子外出游历，只是要求他做好路程规划，按时归家。她特意给徐霞客制作了一顶远游冠，以壮行色，甚至在八十岁高龄时，还与儿子一起外出游历了一次，以鼓励儿子去追求自己喜爱的事业。

在母亲和整个家庭的鼓励与支持下，徐霞客开始了对中国各地山川地理的探察。

南北纵横访山川

从二十二岁起，直到五十六岁去世前一年，徐霞客大部分时间都在游历全国名山大川，足迹遍及大半个中国。他先从离家比较近的太湖开始游览，后来逐渐扩展到南方地区的天台山、雁荡山以及黄山，之后又北上游览了泰山、嵩山和华

江苏江阴徐霞客故居仰圣园

山等北方名山。徐霞客在游览过五岳和黄山之后，发出了“五岳归来不看山，黄山归来不看岳”的著名评论。他先后五次入闽，探访了武夷山、九鲤湖、玉华洞等山水。

徐霞客画像

徐霞客在游历过程中养成了一些独特的考察习惯，比如他登山必攀登到巅峰，非万不得已，绝不走回头路。他喜欢走少有人行走的艰险小道，因为只有在这些地方才能更多地体会到大自然的雄壮伟岸之美。

随着游览阅历的丰富，徐霞客开始思考山川的地理格局和水脉源流。在实践考察中，他逐渐发现先前文献中记载的地理知识有时存在谬误。在质疑的同时，他开始利用每次游历的机会解决这些疑问。他在第一次游览雁荡山时，听说大龙湫的水源来自山顶的雁湖，但在探察中，他并没有找到雁湖。十九年后他第二次游览雁荡山时，进一步寻根究底，终于探明大龙湫源于山顶南面的山涧。

通过勘察地形来核实文献中记载的地理情形正确与否，成为徐霞客后期地理考察的一项重要工作，这些新发现对于当时地理知识的更新具有重要价值。

世之奇伟、瑰怪、非常之观，常在于险远，而人之所罕至焉，故非有志者不能至也。

——［宋］王安石

远赴桂滇成伟业

徐霞客最伟大的一次地理考察，是他人生最后一次前往云贵高原的游历活动。

崇祯九年（1636年），已经五十岁的徐霞客深感老之将至，他要完成一次最向往的长途游历。这次游历时间长达四年，在这段时间，他先后考察了浙江、江西、湖南、广西、贵州和云南的山川地貌。越往西南方向前行，越是人迹罕至的荒山野岭，从未见过的云贵高原上特有的大面积喀斯特地貌逐渐展现在徐霞客眼前。对于这些奇异

云南石林

广西柳州融水老君洞

雁荡山大龙湫瀑布

中国旅游日

《徐霞客游记》开篇《游天台山日记》的日期5月19日，被定为“中国旅游日”。

的壮美山川，徐霞客越考察兴致越高，并详细记录在笔记中。这是人类历史上首次对这种大面积、分布广泛的喀斯特地貌进行记录描述。

徐霞客去往云南的旅途充满了艰险，他承受着遭遇劫匪、旅伴死亡、仆人欺逃，甚至自身旧病缠身的困扰。但这些都没能阻挡他一路向西，考察山川王国的志向。

徐霞客此行收获甚多，他第一次探明了长江的源头并非岷江，而是金沙江；他在黔滇边境发现了大量喀斯特地貌，明晰了这种特殊地貌形成过程中水流的作用；进入云南境内，他远赴腾冲进行考察，最早指出这些岩层乃是由火山岩浆形成的。这次考察成为他对中国古代地理学最大的贡献，直到今天仍为我们进行地理历史研究提供着丰富的资料。

游历云南末期，由于长年劳累，徐霞客双足残疾，不能行走。他在丽江知府等好友的帮助下回到了江阴老家，崇祯十四年在家中病逝。他在游历过程中坚持写日记三十多年，留下了六十余万字的游记资料，后人将这些日记整理成《徐霞客游记》一书，刊行于世。这部书详细记录了各地的地理、水文、地质、植物等现象，以及经济交通、城镇聚落、风土文物等，其中的情景描写表现出很高的艺术性，因此它既是一部地理学巨著，也是一部杰出的文学名著。（王　钊）

云贵高原乌蒙山脉六盘水娘娘山喀斯特地貌

百科全书《天工开物》

《天工开物》是中国古代农业和手工业生产经验与技术的系统总结，基本涵盖了晚明全部的社会生产部门，是一部百科全书式的巨著。

坎坷科举路

《徐霞客游记》在近代被梁启超称为晚明最有价值的两部作品之一，另外一部则是与徐霞客同年出生的著名科学家宋应星所著的《天工开物》。

宋应星出生于江西奉新的一个书香世家。他的曾祖父曾任工部、兵部尚书，是明朝中期的重要阁臣。宋应星的父亲虽然考中秀才，但没有做过官，一生治学。这样的家学渊源，使宋应星接受了良好的教育。他自幼聪明强记，有过目不忘之才，很受师长喜爱。

万历四十三年，宋应星与兄长宋应昇赴省城南昌参加乡试。在一万多名考生中，宋家兄弟双双中举，宋应星是全省第三名，他的哥哥名列第六。那年的奉新考生中只有他们兄弟中举，二人美名远扬，被称为“奉新二宋”。

然而宋应星之后的科举之路，却并不顺遂。他连续五六次上京参加会试，历经十几年，却都名落孙山。明代的科举考试以四书五经命题，以八股文为文体，答案以朱熹集注为标准，要求考生“代圣贤立言”，内容和形式都有严格的限制。在这种情况下，考生根本无法发挥自己的独到见解。历经多次科举失败后，宋应星对科举制度的弊端有了深刻的体会，于是逐渐断绝了求取功名的念头。

编写《天工开物》

宋应星自小兴趣广泛，喜欢游历，世间万事万物都想见识见识。十几年间，他多次赴京赶考，一路长途跋涉，途经江西、湖北、安徽、江苏等省的许多地方。在此过程中，他走访南方水田、北方旱地，询问了很多田间老农的耕作经验，也参观了不少手工业作坊，亲眼见到了很多物品的制作过程。

通过眼观、耳听、口问、笔录，宋应星随时随地将所见所闻记录并描绘下来。每次会试归来，他的行囊中都装满了笔记。渐渐地，宋应星了解和掌握了前人的科技成就和明朝的科技发展，这为他后来编写《天工开物》储备了丰富的资料。

崇祯七年（1634年），宋应星出任江西分宜县学教谕。这份薪水微薄的工作只能勉强糊口，却让他有了充裕的时间阅读前人文献，整理调查资料，并着手撰写书稿。

由于当时经济状况窘迫，宋应星买不起用于参考的书籍和资料，有时候他想邀请同道中人一起讨论问题，鉴别史料的真伪，也找不到合适的场所。虽然深感凄凉，他仍然不分寒暑，不舍昼夜，坚持写作。在朋友的帮助下，宋应星终于在崇祯九年完成了《天工开物》的书稿，并于第二年将此书刊刻出版。

宋应星与《天工开物》邮票

成就突出的科技巨著

宋应星在《天工开物》的序文中说："立志读书做官的人，可以把这部书放在一边，它对科考没有用处。"书名取为《天工开物》，意在表达"通过人工技能，从天然界开发有用之物"的实学观念，书中留下的正是当时"开物"的诸多成就。

《天工开物》记载了农业和手工业各部门的生产技术，包括谷类和棉麻作物栽培、食品加工、制盐、制糖、制陶、榨油、造纸、冶铸、兵器、舟车制造和珠玉采琢等18个门类，从《乃粒》开始，到《珠玉》结束，体现了宋应星"贵五谷而贱金玉"的思想。全书共3卷18篇，其中上卷6篇，介绍了农业和农副业领域的生产技术。中卷7篇和下卷5篇，专注于手工业。书中另附123幅插图，惟妙惟肖，出神入化，生动再现了中国17世纪前期的生产生活场景，这在世界科技史上都是罕见的。

在农业方面，书中记载了改良土壤之法、防病虫害的新办法以及种植新技术等。宋应星观察到了生物变异的现象，提出"种性随水土而分"的科学论断，为作物品种的培育和改良提供了依据，也留下了蚕蛾配种杂交以改良蚕种的先进技术。

《天工开物》在化学方面的贡献很大，它是中国第一部全面记录采矿和冶金的专著。书中保留了三十多种矿产的分布和采掘知识，首次详述了井下巷道的支护、通风等领先世界的采矿技术。

在物理学和机械学方面，《天工开物》也有不少贡献。书中记录了同一体积下，不同盐场的盐、不同的金属重量不同，这是比重概念的萌芽。书中还记录了江西的水碓。这是当时世界上最先进的农具之一，它通过立式主轴连接动力机、传动机和工具机，再由水力驱动水轮，可实现脱粒、灌田、磨面的同时运转。书中所载的花机也是当时最先进的纺织工具。

《天工开物》的伟大成就与宋应星具有的科学精神有关。他重视实践和试验，这与现代科学精神非常契合。他还重视对数据的分析和保存，书中多处记录粮食的产量、工具的尺寸、材料的配方等数据，这是对中国传统社会重视定性描述、忽视数据分析的重大突破。

"百科全书"传世界

《天工开物》对中国古代的农业和手工业生产技术进行了全面总结，记述了中国在当时世界上具有先进水平的科学技术。清朝初年，福建书商将《天工开物》改版重刻，推出了传播较广的坊刻本。清代《古今图书集成》《授时通考》等书，都对《天工开物》有大量引用。近代以来，随着西方科学思潮的涌入，《天工开物》更为学界所重视。

《天工开物》传播到了世界各地，被译成日、法、英、俄、德等多国文字，成为世界性的科学经典，被誉为"中国17世纪的工艺百科全书"，宋应星也被称为"中国的狄德罗"。（吴小伦）

《天工开物》中的插图

《天工开物》中配备了大量插图，这些插图主要采取白描的绘图方式，严谨、清晰、准确地展示了当时的生产技术，具有重要的史料价值和科研价值。

“闯王”李自成

明朝天启、崇祯年间，西北和中原等地连年旱灾饥荒，各地饥民纷纷起义。农民军领袖李自成在部属辅佐下提出“迎闯王，不纳粮”的口号，他的队伍逐渐成为起义的主力军，并最终攻克北京。崇祯帝自缢，明朝灭亡。

陕西农民造反

明熹宗即位以来，明朝的政治腐败越发严重，国家陷入深重的财政危机，朝廷还不断加派赋税，百姓已经不堪重负。当时陕西北部一带连年灾荒，庄稼颗粒无收，地方官员不但不加以抚恤，反而催征赋税，横征暴敛，搜刮民脂民膏。百姓无以为生，只能靠吃树皮、草根度日，一些地方甚至出现了人吃人的惨剧。灾民们没了活路，只能奋起反抗。

天启七年（1627年），陕西澄城一个叫王二的农民，因不堪知县催征赋税，带着数百名灾民闯进县衙，杀了贪婪的县官。这件事一传出去，陕西的百姓仿佛看到了活下去的希望，各地农民纷纷揭竿而起。

起初造反的只是些饥民，后来那些长期被拖欠军饷、缺衣少食、生活极端困苦的边兵，以及大量失业的驿夫也加入了起义的队伍。农民起义的星星之火，迅速在各地发展成燎原之势。

当时陕西起义的队伍多达百余支，其中府谷人王嘉胤、安塞人高迎祥等人领导的队伍力量较强。在陕西各地农民起义的浪潮中，米脂的李自成、延安的张献忠等后来著名的农民军首领也参加了起义。

失业驿卒举义旗

李自成幼年家贫，曾给地主家放羊为生。他善于骑射，性格豪放，很有计谋，长大后成了一名驿卒。崇祯初年，朝廷财政窘迫，为节约开支，裁撤了一大批驿站，大量驿卒一下子断了生计，李自成也被迫离开了驿站。

崇祯三年（1630年），李自成加入起义军“不沾泥”的部队。“不沾泥”兵败投降官军后，李自成投奔舅舅“闯王”高迎祥，做了“闯将”。为了平息农民起义，朝廷命杨鹤、洪承畴等人对起义军招抚和镇压的手段并用。洪承畴力主全力围剿，在官军的追击下，起义军被迫渡过黄河，向山西转移。

起义军在山西的蓬勃发展，让崇祯帝感到十分害怕，于是他四处调集兵马，大规模围剿山西的起义军。由于粮食供给不足，起义军随时有被官军围歼的可能。面对这种情形，起义军首领们决定进行战略转移。他们一边假装向朝廷投降，一边积极做好渡河的准备。

崇祯六年十一月的一天，天气寒冷，黄河结冰，起义军趁官军不备，从毛家寨踏冰过河，来到河南渑池境内，打破了官军的围剿计划。突出重围之后，起义军转战河南、湖广、南直隶、四川等地，声势不断壮大。

自渑池突围后，高迎祥就让李自成单独领兵。他手下逐渐聚集了一批智勇双全的将领，如李过、俞彬、白广恩、李双喜、顾君恩、高杰等，其中李过、高杰善战，顾君恩善谋。

智勇双全成领袖

为了改变官军分兵守境、穷于追剿的被动局面，朝廷命陈奇瑜出任五省总督，统一指挥山西、陕西、河南、湖广、四川五省官军，对起义军进行清剿。结果陈奇瑜围剿

失败被削职，继任总督洪承畴调集兵马，继续对起义军进行围剿。随着官军包围圈的收紧，到崇祯八年正月，大部分起义军都集中到了河南地区，有大小七十二营、二三十万之众。

十三家七十二营的起义军首领齐聚河南荥阳，召开大会，商讨对付官军的作战方案。会上大家各执己见，迟迟无法达成决议。这时，李自成站出来大声说道："哪怕只剩下一人也要拼命战斗，更何况我们有十万人呢！如今官军已经无法剿灭我们，我们应该分头出击，规划好进军方向。"他的意见得到了众人的赞同，大家一致决定按照联合作战、分兵迎敌的策略。起义军一路杀向四川、湖广，一路杀向陕西，一路扼守黄河，一路作为机动兵力往来策应，高迎祥、李自成及张献忠等为一路，东征南直隶，直取凤阳。

按照这一策略，起义军打得官军首尾难顾，狼狈不堪。凤阳是明太祖朱元璋的老家，也是明朝的中都，明太祖在这里修建了祖陵。高迎祥、张献忠部长驱直入，大败凤阳留守官兵，攻陷凤阳，还焚毁了明太祖的祖陵。李自成有勇有谋，在战斗中逐渐成长为起义军的重要领袖。

崇祯九年，"闯王"高迎祥被官军伏击，兵败身死，李自成继任"闯王"。

荥阳大会的真伪

崇祯八年，张献忠、李自成等十三家七十二营、约二十万起义军齐聚荥阳，商讨下一步的作战方案。会议上李自成提出了"分兵定向"的主张，得到众首领的认可。然而此次大会是否存在，学界历来存在争议，许多学者认为此次大会根本不存在。由于史料不全，此事尚未有定论。

张献忠焚皇陵

张献忠也是明末农民起义的一个重要首领。他出身贫苦，崇祯三年据米脂十八寨起义，自号"八大王"。他身材魁梧，力气过人，作战勇猛，因为脸色微黄，军中都称他"黄虎"。

崇祯八年，中都失陷的消息传到北京，崇祯帝得知祖陵被焚、明太祖早年出家的於皇寺（后改名龙兴寺）被拆毁，伤心痛哭。他穿着素服，前往太庙祭告祖宗，在盛怒之下，又逮捕了漕运都御史兼凤阳巡抚杨一鹏，以陵寝失守重罪将他判处死刑。

此后几年，起义军的声势越来越大，李自成振臂一呼，往往从者数万。经过不断的融合吞并，起义军逐渐形成了以李自成、张献忠、罗汝才为首的几支队伍。

"开了城门迎闯王"

崇祯十三年，趁朝廷集中兵力在四川围剿张献忠、罗汝才，中原守备空虚之机，李自成率军攻入河南。当时河南大旱，饥民遍野，起义军的到来让百姓看到了希望。饥民纷纷加入起义军，李自成的队伍迅速壮大。在此期间，卢氏举人牛金星、杞县举人李岩、卜师宋献策等一批文人先后投奔李自成，他们为李自成出谋划策，为起义军的发展起到了重要作用。

李岩说："得人心者得天下，请闯王下令，不要随便杀人，收天下民心。"李自成采纳了他的建议，严明军纪，约束手下部众，不得侵占百姓财产。他还根据李岩等人的建议，提出了"均田免粮"的口号，每到一地就开仓放粮，赈济饥民。饥民到处歌颂说："李公子是我们的救命大恩人。"

洪承畴画像

李岩趁机编了一首童谣让大家传唱："吃他娘，穿他娘，吃穿不够有闯王；不当差，不纳粮，开了城门迎闯王。""闯王"李自成的名号随着童谣传播开来，各地百姓都盼着"闯王"的到来，拥护李自成的人越来越多。

洛阳是河南西部重镇，河南府也是福王朱常洵的藩地。福王贪财如命，在封地搜刮了无数民脂民膏，聚敛了无数财富，但在河南闹灾荒时，他却一毛不拔。李自成攻打洛阳时，连洛阳的守城士兵也不乐意为福王卖命，打开城门迎起义军进城。

李自成抓住福王，将他当众斩首。他还打开粮仓，赈济灾民。这些举措使他更受百姓的拥护。

随后，起义军在中原地区与官军展开了五次较大规模的战役，五战全胜，打出了气势。李自成起义军发展为一支勇敢善战的百万大军。

闯王进京，明朝灭亡

随着一步步取得胜利，起义军内部的矛盾也逐步显露出来。李自成斩杀罗汝才等人，将其部下数十万人全部收为己用。至此，在北方起义军内部，李自成再无竞争对手。

统一了内部并进行军事整顿之后，李自成与部下商讨下一步的作战方案。当时有"先取河北""先取南京"等不同看法，从事官顾君恩说："南京偏居江南一隅，即便拿下，对于夺取天下来说还是太慢了；直接攻击北京，一旦失败，就会失去退路。而关中地区是闯王您的家乡，山河险固，得天下三分之二。应该先把陕西地区打下来，建立基业，然后攻取山西，再攻京师。这样进可攻，退可守，万无一失。"李自成采纳了这一建议，全力攻取关中地区。

崇祯十七年正月初一，李自成在西安称王，改西安为西京，建国号大顺，改元永昌。为建设新政权，李自成实施了一系列措施，同时加强军事训练，为进军北京做好了充分准备。

同年二月，李自成率部渡过黄河，直指太原。一路上官军闻风丧胆，许多州县不战而降。攻占太原后，李自成继续挥师北上。他兵分两路，南

李岩质疑

李自成究竟有没有"杞县举人李信（后改名李岩）"这个谋士，历史上就有争议。曾参加大顺军的河南人郑廉在《豫变纪略》中否认杞县有李岩这个人，康熙年间的《杞县志》中附有一篇《李公子辨》，否认李岩是李精白之子，更否认有举人李岩的存在。近四十年来，也不断有学者认为，在李自成起义军中不存在李岩这样一位谋士。此前李岩被郭沫若先生写入《甲申三百年祭》，姚雪垠在小说《李自成》中也曾成功塑造过李岩这一文学形象。

陕西米脂李自成行宫

北京景山

景山

景山又称煤山、镇山、万岁山，景山公园位于北京西城区景山西街44号，是明、清两朝的皇家园林，地处北京城中轴线最高点，尤以可俯瞰故宫全景而为人称道，又因它是明朝崇祯帝的自缢处而让人唏嘘。园林始建于金朝，以修建皇宫的筒子河及附近河渠时挖掘出的土堆建而成，占地23公顷。

北夹击，直取北京。

大顺军进展神速，一路势如破竹，三月十五攻占昌平，第二天就进抵北京城下，包围了北京。三月十八下午，大顺军攻进北京。崇祯帝走投无路，在煤山（今北京景山）自缢，统治二百七十六年的明朝就此灭亡。

一代英雄终败亡

崇祯帝死后，山海关总兵吴三桂起先打算接受大顺军的招降，然而他得知父母亲属均被大顺军抓捕，一怒之下转而投降了清军，引满洲八旗劲旅入山海关。被军事上的迅速胜利冲昏了头的李自成产生了骄傲麻痹的思想，没有做足准备。他率军在山海关下列阵，激战之后被逼退四十里，大顺军溃败。

留守北京的牛金星对明朝权贵日夜拷打，搜求粮饷，但仍然难以养活所有军队。而且由于缺乏统治经验，加上对当时复杂形势的错误估计，在京的大顺将领开始追求享乐，迅速腐化堕落。大顺军逐渐军纪涣散，大失民心。败退而归的李自成无法在北京立足，只能仓促率军由山西退入陕西。一时间，山西、河南两省皆失去控制。

李岩提议率军收复河南。李自成怀疑他有出逃之心，将其冤杀。大顺军内部开始人人自危，那些还在观望的势力纷纷作鸟兽散。

清顺治二年（1645年）二月，清军攻潼关，李自成以六十万人迎战。但大顺军抵挡不住清军进攻。潼关被破，西安无险可守，李自成只得撤往湖北。

到武昌的时候，李自成携众仍有五十余万。屯兵五十多天后，大顺军粮草殆尽。面对清军强大的军事压力，部众多数投降，少数逃散，东下的去路又被清军截断，李自成只好继续向南逃到通城。九月，李自成在九宫山被地主武装杀死，轰轰烈烈的明末农民大起义逐渐落下帷幕。（陈二峰）

李自成的结局

关于李自成的最后归宿，历来有不同的说法，学界多认为他在湖北通城九宫山被地主武装杀害。也有传说，他于顺治二年退居幕后，继续指挥大顺军与南明联合抗清，后来隐居在石门（今属湖南）夹山寺为僧。李自成死后，余部联合南明政权，共同抗清，并成为抗清斗争的重要力量。

顾炎武与《日知录》

《日知录》是明末清初著名学者、思想家顾炎武的代表作品，它是顾炎武日积月累、积三十余年心力写成的一部大型札记，全书以“明道救世”为宗旨，囊括了作者全部的学术、政治思想。顾炎武在治学方面注重收集第一手资料，严谨扎实，这在《日知录》中表现得尤其突出，对后世影响深远。

“身沉心不改”

顾炎武本名顾绛，万历四十一年（1613年）生于南直隶苏州府昆山县的一个名门望族。顾炎武幼时被过继给去世的堂伯，在养母王氏的严格管教下，立身志学，十四岁便考中秀才。然而他的命运并未就此一帆风顺，在那个风雨飘摇、动荡不安的年代，他的前程注定要与社会时局交织在一起。

明朝自正统年间以后，国力渐衰，民生艰难。到明朝末年，社会矛盾更加尖锐。这时的顾炎武一面加入明末张溥等创立的复社，议论朝政，与宦官、逆臣进行斗争，一面博览群书，潜心科举，希望能在政治上大展宏图。然而，他两次参加科举都失意而归。

顾炎武画像

清军南下时，顾炎武在苏州参与反清起义，然而苏、杭等地很快陷落。之后清军攻打昆山，昆山城内死伤数万。顾炎武的胞弟丧生，生母被砍断右臂，养母更是以绝食的方式殉国，她临终前还嘱咐顾炎武“勿仕异朝”。顾炎武一直仰慕南宋爱国将领文天祥的门徒王炎午的忠贞品格，于是将名字由顾绛改为顾炎武，以寄托志向。

清顺治四年（1647年），顾炎武策动已经投降的明朝将领吴胜兆反清复明。然而事起仓促，战略上也存在失误，导致起义最终失败。清朝大肆追捕相关人员，顾炎武只好离家出逃。

虽然参与的反清事业一再受挫，但顾炎武从未放弃，并作诗《精卫》以明心志：“我愿平东海，身沉心不改。大海无平期，我心无绝时。”

顺治十二年，顾家的一个奴仆图谋顾家家产，与昆山豪族叶方恒串谋，以顾炎武与南明小朝廷勾结的罪名控告他，想置他于死地。顾炎武怒而

顾炎武行楷《恭祝子翁诗扇》

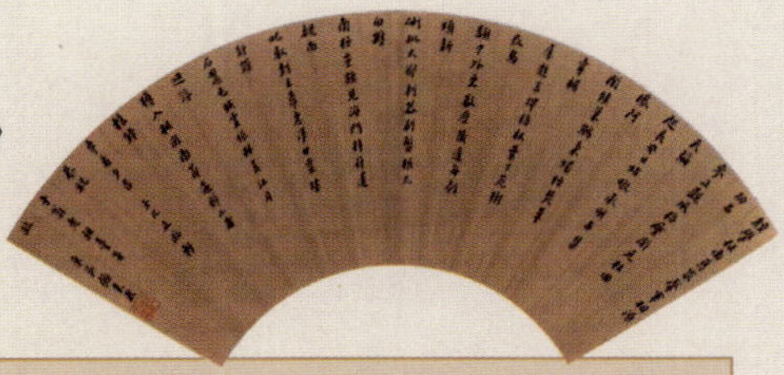

复社

崇祯初年，苏州太仓士人张溥、张采等人联合当时的十多个文人社团，成立了复社。复社继承东林党求真务实的学风，在全国一度有三千余名成员，包括顾炎武、黄宗羲、方以智等著名学者，以及吴伟业、侯方域、陈子龙等知名作家，推动了实学思潮的复兴，有“小东林”之称。清军入关后，许多复社成员投入抗清斗争，成为江南抗清力量的骨干。清朝顺治年间，复社在一系列禁令和镇压下解体。

将这个奴仆处死，自己却因此遭受牢狱之灾。眼看事情危急，顾炎武的家人和好友为营救他四处奔走。已经降清的文坛名士钱谦益贪图声誉，要求顾炎武拜他为师才会出手相救，顾炎武坚决不肯答应。

次年，顾炎武出狱，开始了四方游历之旅。康熙年间，康熙帝征召博学鸿儒，开明史馆，多次征聘他，但顾炎武坚持不为贰臣的民族气节，坚决拒绝。

著书立说

顾炎武一生致力于反清复明，在抗清斗争失败后，他曾一度改名换姓，扮成小贩，用二马三骡驮载书籍，漫游大江南北，足迹遍布江苏、浙江、山东、河南、山西、陕西等地。他在读万卷书、行万里路中体会民间疾苦，探寻国计民生之道，写下了《天下郡国利病书》《肇域志》《日知录》《山东考古录》《金石文字记》等书，其中《日知录》凝聚了顾炎武“平生之志与业”，寄托了他救世的志向与治学、复明的大业。

> 保天下者，匹夫之贱与有责焉耳矣。
>
> ——［清］顾炎武

《日知录》是顾炎武“稽古有得，随时札记”而成。康熙九年（1670年），《日知录》初次刊刻为八卷，后来顾炎武精益求精，陆续增补，在康熙十五年完成三十卷。顾炎武去世后，他的弟子潘耒多次校勘，删改了清朝忌讳的字眼，将《日知录》整理成三十二卷，再次刊刻。

三十二卷本《日知录》分为上、中、下三篇，

江苏昆山顾炎武故居贻安堂

共有条目1019条，各条内容长短不拘，最长者《苏淞二府田赋之重》有5000多字，最短者《召杀》仅有9字。这本书包含的领域极为广博，涉及了政治、经济、文化等各方面。

天下兴亡，匹夫有责

《日知录》系统体现了顾炎武的学问和思想。大家耳熟能详的“天下兴亡，匹夫有责”，便是梁启超对顾炎武思想的总结。

顾炎武认为亡国与亡天下是有区别的，亡国是改朝换代，“保国”是统治者、贵族们的事情，“天下兴亡”则是关系到整个民族生死存亡的大事，每个平民百姓都有义不容辞的责任。这一思想振聋发聩，体现了顾炎武非凡的见识和崇高的使命感。

民本理念是顾炎武经世济民思想的出发点和落脚点，凡是关系国计民生的事情，他一定会仔细考察，追本溯源。民生关系到国家命运，他告诫统治者要聆听百姓的心声，满足百姓的诉求。他认为治乱的关键在于整顿人心风俗，在改善风俗上他提出朝廷要率先垂范，带头教化，这样士人便知廉耻，风俗将日渐敦厚。

正面倡导的同时，顾炎武还提出通过法制手段，严惩败坏世风的贪官、奸臣，把奸臣的名字刻在耻辱柱上告诫后世，并严禁他们的后代进入仕途。从《日知录》中还可以看到赋税田亩、职官选举、水利河渠、漕运盐铁、人才军旅等民生问题，充分体现了顾炎武学以致用、经世济民的思想情怀。

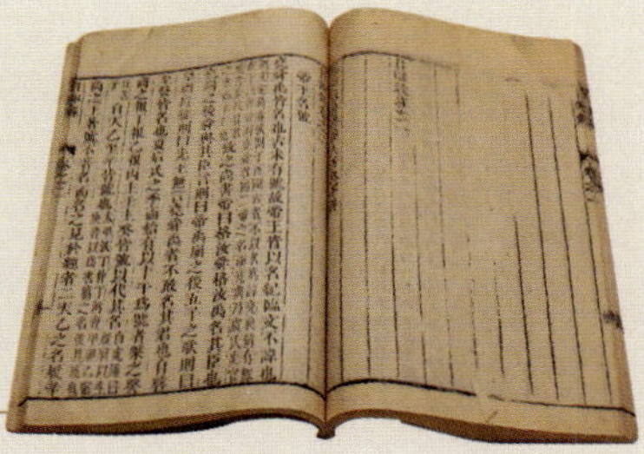

《日知录》书影

君子为学，以明道也，以救世也。
——［清］顾炎武

南明抗清斗争

明朝灭亡后，清军入主中原。清朝统治者强令占领区内的民众剃发易服，以示服从统治，引起强烈反抗。江南人民的抗清斗争遭到清军的血腥报复，清军破城之后发起了大量惨绝人寰的屠城行动，如“扬州十日”“嘉定三屠”“江阴八十一日”等，想要以此震慑民众的反抗心理。

明朝宗室先后在南方建立弘光、隆武、鲁监国、永历等政权，以复兴明朝为旗帜，抵抗清军。在清军进攻的巨大压力下，推翻明朝的农民起义军余部与南明政权联合，逐渐成为抗清主力。但抗清势力内部派系林立，矛盾重重，争斗不休，严重削弱了自身力量。

清顺治十八年（南明永历十五年，1661年），流亡缅甸的南明永历帝被俘获，第二年被吴三桂绞死于昆明，南明政权烟消云散。李自成余部在四川、湖北交界的山区坚持抗清（即“夔东十三家”），至康熙三年被彻底平定。此后，占据台湾的郑氏政权仍用永历年号。康熙二十二年，郑氏政权投降，清朝完成全国统一。

在政治思想上，顾炎武反对君主独治、主张“众治”，提出关于“君、臣、民”平等的学说。明朝的灭亡使顾炎武认识到封建政治体制的弊端，开始批判皇帝至上的权力和地位。他在《日知录》很多章节中提出“众治”的主张，指出要把皇帝的权力分配给各级官吏，这样国家才能实现振兴。

康熙二十一年正月，顾炎武失足坠马，在山西曲沃去世。（朱莉敏）

美洲作物传入

明朝中期至清朝前期，是世界“地理大发现”时期，原产于美洲的马铃薯、玉米、番薯、花生等作物就是在这一时期传入中国。物种交换深刻地改变了整个世界，对中国的饮食结构、人口增长等都有重要影响。

大航海时代与物种交换

明朝中后期，世界进入大航海时代。1492年，意大利探险家哥伦布受西班牙国王资助，发现了美洲大陆，从此开启了持续两个世纪的大航海时代。

1498年，葡萄牙探险家达·伽马受葡萄牙国王派遣，绕过非洲大陆南端好望角，经莫桑比克等地到达印度西南部，发现了由欧洲至印度的航路。

1519年，葡萄牙探险家麦哲伦接受西班牙国王指令，率领船队横渡大西洋，穿越美洲，最后抵达菲律宾群岛。虽然他后来在和当地部落的冲突中丧命，但船队中的“维多利亚号”最终完成了人类历史上首次环球航行，把大西洋航路和太平洋航路联结了起来。

随着新航路的开辟，欧洲的早期殖民者为了寻找香料、黄金等财富，纷纷来到东方。1565年，西班牙乌达内塔等人发现了自吕宋马尼拉向东返航美洲的航线，横跨太平洋的“马尼拉大帆船贸易”时代正式开启。

美洲作物传入的中介

明朝中期至清朝前期正处于地理大发现时期，所以多数美洲作物都是在这个时期传入中国并传播开

哥伦布向西班牙国王斐迪南二世和伊萨伯拉一世汇报探险结果

来的。

明朝中后期的美洲作物传入，主要有两个中介，即从大西洋来到广东濠镜澳的葡萄牙人和从美洲跨太平洋来到吕宋的西班牙人。当然，明末的荷兰人也有一定贡献。葡萄牙和西班牙在亚洲的殖民地，常扮演次级传播中心，比如葡萄牙控制的印度卧亚，西班牙占领的吕宋马尼拉。

作物在传播过程中常伴随杂交、选育等现象，也会因生长环境不同而发生性状改变。而传播本身是一个长期的复杂过程，很难断定哪次或哪个品种的传入所构成的种植比例，所以只能以模糊的时间点把握作物品类的最早引入时间。今天许多与我们生活息息相关的作物，比如作为粮食作物的番薯、玉米、马铃薯等，作为经济作物的花生、向日葵、陆地棉、辣椒、南瓜、番茄、烟草等，都源自美洲。

传入的主要农作物

下面介绍一下自明朝中期以后传入的几个主要的作物品种。

番薯因味道甘甜，又称甘薯。因其皮色多为红色，也有称红薯的，比如河南农村至今仍称其为红薯。通常认为番薯原产于中美洲，但也有不同的观点和证据。如番薯所属的旋花科植物的最古老化石发现于印度东部，东汉杨孚的《异物志》与据传是西晋嵇含所撰的《南方草木状》也有“甘薯”的记载。不过，明朝自海外传入的番薯，可能只是品类相似，但更有可能是名似实异的另一个品种。

明朝番薯主要由两条路径输入：其一为万历年间自安南（今越南）引入广东，另一条为万历年间由当时的西班牙殖民地吕宋进入福建。自吕宋引入的番薯原产地无疑是美洲，它先是通过马尼拉大帆船由美洲输入吕宋，然后引种到福建的。

万历中期，福建泉州府晋江县人陈振龙把甘薯引到福建。当时恰逢福建因旱灾引发饥荒，陈振龙的儿子陈经纶把薯藤和种法献给时任福建巡抚金学曾。金学曾通过行政手段在全省推广，收到良好的救荒效果。他还编成一本宣传读物《种薯海外新传》，以推广番薯的种植技术。后人称番薯为“金薯”，就是对他

［比］亚伯拉罕·奥特柳斯《马里斯太平洋海图》（局部）

这幅海图绘制于1589年，是世界上最早的印刷版太平洋海图，图中的“维多利亚号”是麦哲伦船队中唯一完成环球航行的船只。

在福建推广番薯种植所做贡献的纪念。

明末学者徐光启的《农政全书》与王象晋的《群芳谱》，也对番薯有详细记载。徐光启对番薯在江南的种植和推广发挥过重要作用。万历三十六年（1608年），江南大水，徐光启从福建引种薯藤，获得成功。他专门写成《甘薯疏》，详细介绍番薯的栽培方法和经济价值。他说，江南地势较高的土地平时多种兰、豆，如果换成番薯，收获将会是原来的数倍。长江以北，耕地辽阔，又多是旱地，更加适合甘薯种植，好处也更加可观。如果遇到旱灾，数口之家全力经营一亩甘薯田，便足以度过饥馑的岁月。这番话道出了番薯耐旱和高产的特点。

番薯的引入，不仅增加了粮食品种，更因其所具有的优点，解决了很多人的吃饭问题，并在大饥荒时期充当了备荒作物。所以，从中国农业发展史的角度看，番薯的经济价值不亚于元代的棉花种植。

玉米原产于墨西哥，16世纪时，到达新大陆的欧洲人将玉米带回欧洲。随着欧洲商旅和殖民者的活动，他们又将玉米传入西亚、印度和中国。

玉米传入中国有三条途径：自广东、福建的海路一路，自云南的西南一路，自甘肃的西北一路。时间都在嘉靖末年至万历年间，但传入方式有直接和间接之别。玉米具有生长周期短、产量高、适宜山地种植等特点，所以自明至清，其种植区域和规模不断扩大，成为重要的粮食作物与救荒作物。

花生原产于南美洲，欧洲早期殖民者到达美洲后，开始把它传播到世界各地。葡萄牙人将花生传入印度，西班牙人将其带到吕宋。考古学者在浙江和江西发现了古代炭化花生，似乎显示其为本土原生，但缺乏更多证据。文献中的花生别名甚多，其中尤以“落花生”为人熟知。也有学者认为，这些早期记载的落花生实际上是香芋而非花生。

万历年间，花生通过海路引入福建等地，这个品种应该是龙生型花生。另外，一种弗吉尼亚花生（俗称洋花生、大花生）在19世纪通过美国传教士引入山东半岛，并传布到数个省份。花生籽粒既可食用，

番薯

玉米

也是一种优质的榨油原料。

辣椒原产于美洲，约在万历年间传入中国。见诸文献的最早记载是明代高濂辑录的《遵生八笺》。有学者认为，辣椒最早可能是由海路传入浙江的。中国东北地区的辣椒来自朝鲜，朝鲜的辣椒可能是日本在万历年间的朝鲜战争期间带来的，而日本的辣椒则是由葡萄牙人传入的，据称时间是在1542年。

辣椒因其辛辣特性，在烹饪中可以代替盐，以提升食物的口感，颇受人们欢迎。继浙江、湖南之后，清朝乾隆年间，辣椒开始在四川广泛种植，到清末成为川菜的核心原料。此外，辣椒还具有祛湿的药用价值。

番椒，亦名秦椒。白花，子如秃笔头，色红鲜可观，味甚辣。子种。

——［明］王象晋《群芳谱》

美洲作物传入的影响

明清时期，番薯、玉米、马铃薯这三种重要的粮食作物传入，通常被认为与应对日益频发的自然灾害及其引发的饥荒有关，同时也在一定程度上解决了这一时期因人口迅速增长而产生的粮食问题。

成瘾性的烟草和咖啡在欧洲迅速流行，其中烟草在中国同样迅速传播。清末引入的陆地棉，因其具有纤维较长的特点，取代了国内曾经的主要棉纺原料亚洲棉。

引自美洲的粮食、蔬菜等作物，丰富了中国的作物结构，影响了中国的耕作制度，塑造了中国人的饮食结构，在诸如口粮供给、营养平衡、菜肴品类丰富等方面做出了重要贡献，也有力地支撑了畜牧业等相关产业的发展。（牛震宇）

花生

土豆

人痘接种术的发明与推广

古老的中华医学是一门在实践中发展起来的学问，它开创了许多治病救人的有效方法。在天花肆虐的古代，中国人首先创造出人痘接种术，这是人类发明的能够有效预防天花的第一种治疗方法，挽救了无数人的生命。

天花险恶无药医

明清时期，传入中国的美洲作物只是新大陆与旧世界交换的一环，伴随着美洲、亚洲和欧洲间的商品贸易，世界各地的疾病和文化也产生了交换，它们共同构成了有些历史学家所称的“哥伦布大交换”。天花的传播及其治疗方法的发明与推广，就是这种交换中一个影响极为广泛的范例。

人类作为当今地球上的统治者，似乎已经没有了什么威胁生命的天敌，但结构简单的病毒却一直是最恐怖的杀手之一，它们可在短时间内爆发、传播，杀死许多人。在人类历史上，天花一直都是严重威胁人类生命的烈性传染病。天花病毒可以在短时间内侵入人体，使人产生高烧、头痛等症状，紧接着患者全身会出现疹子，并逐渐化脓，许多人在这两个阶段就会死亡。挺过此过程的人，痊愈后痘疹结痂，全身会出现疥斑（俗称“麻子”），所以此病被称为“天花”。

重型天花死亡率达到30%，并且一旦感染就没有特效治疗方法，只能依靠患者自身免疫力抵抗。在20世纪80年代人类全球范围内接种天花疫苗，将其完全消灭之前，天花已经夺去了数以亿计的人类生命。美洲原住民从15世纪的两三千万人

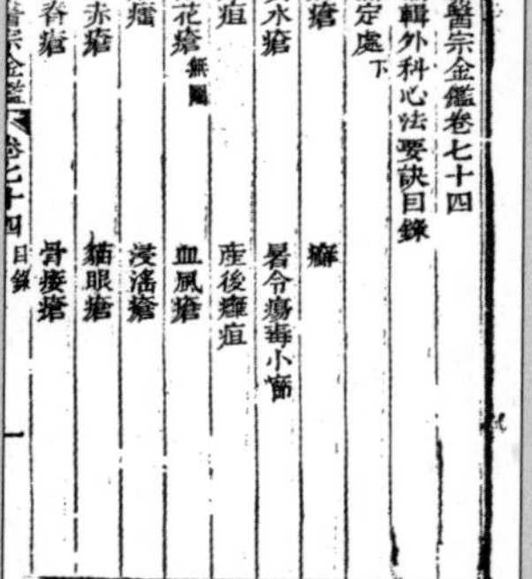
御纂醫宗金鑑卷七十四
編輯外科心法要訣目錄
發無定處下
疥瘡　癬
黄水瘡　暑令瘍毒小癤
瘴疽　產後癰疽
翻花瘡無圖　血風瘡
痦瘟　浸淫瘡
火赤瘡　貓眼瘡
魚脊瘡　骨瘘瘡
御纂醫宗金鑑　卷七十四　目錄

《御纂医宗金鉴》书影

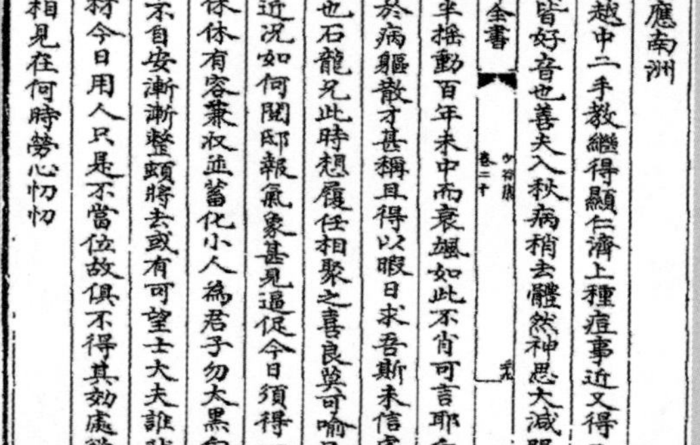
與應南洲
春間得趙中二手教繼得顯仁濟上種痘事近又得二
兒宦蹟皆好音也善夫入秋病稍去體然神思大減眼
欽定四庫全書　少谷集　卷二十
就花齒牢搖動百年未中而衰颯如此不肖可言耶自
下之命於病軀散才甚稱且得以暇日求吾斯未信處
竊自慰也石龍兄此時想履任相聚之喜良莫可喻兄
在京師近況如何聞邸報氣象甚覺逼促今日須得一
二元老休休有容兼收並蓄化小人爲君子勿太黑白
使此輩不自安漸漸整頓時去或有可望士大夫誰非
可用之材今日用人只是不當位故俱不得其効處欲
言甚多相見在何時勞心忉忉

明代郑善夫《少谷集》中收录的书信《与应南洲》

口经过一百年后减至不到一百万，其中一个重要原因正是因为欧洲殖民者将天花传播到了美洲，造成没有免疫力的美洲原住民大量死亡。

［元］王蒙《葛稚川移居图》

葛稚川即葛洪。

人痘接种挽民命

天花在古代中国同样肆虐横行，它很可能是在1世纪由境外战俘传入中国的，晋代葛洪所著的《肘后备急方》首次记载了天花的症状。天花造成的高死亡率，使它成为古代抑制中国人口增长的重要因素之一。因为无药可医，所以各地均建有痘神庙，以祈求神灵收痘。

除了寄希望于神灵，古代中国医师按照“以毒制疫”的传统中医思想，在实践摸索中发明了人痘接种法。人痘接种法就是将患者身上的痘浆或干痂粉末接种到未得病的人身上，因为天花病愈者可获得终身免疫，所以这种方法在一定程度上降低了天花感染的死亡率。

中国人最早何时发明人痘接种法现在仍无定论，目前已知最早的种痘记录是明代郑善夫《少谷集》中所收的《与应南洲》书信中提到的嘉靖二年（1523年）春，其子在济上种痘之事。由此可以肯定，至迟到16世纪中期，中国各地已经广泛应用人痘接种法来预防天花。

17世纪，人痘接种法已经发明出许多方法，预防率也有明显提高。清代吴谦在乾隆七年（1742年）出版的《医宗金鉴》中总结出当时常用的四类人痘接种法：痘衣法，直接让接种者穿上患者内衣；痘浆法，取患者人痘脓浆，将其用棉花塞入接种者鼻孔；旱苗法，将痘痂磨粉吹入接种者鼻孔；水苗法，将痘痂研磨用水调匀，再用棉花蘸取，塞入接种者鼻孔。四种方法中以水苗法

郑善夫与《少谷集》

郑善夫（1485—1523），字继之，号少谷，福建闽县（今福建福州）人。郑善夫出身于书香门第，多才多艺，能书善画，精于易经、数学和历法。他十九岁中举人，二十岁中进士。正德年间，郑善夫任户部广西主事，因不满宦官执政，请辞还乡，在鳌峰山下建少谷草堂，闭门读书。正德十三年（1518年），郑善夫应诏复出，任礼部主事，次年升任员外郎。正德十四年，宦官江彬等怂恿明武宗南巡游乐，郑善夫上书痛斥，被廷杖三十，罚跪午门五日。隔年辞官获准后，郑善夫回到家乡，与志趣相投的阳明派儒生多有来往。《明史》中有《郑善夫传》，称他为闽中诗文代表人物。郑善夫著有《少谷集》二十五卷，其中所收录的他给好友应南洲的书信中，提到了其子“济上种痘”一事。

清代《痘疹娘娘》彩绘画像

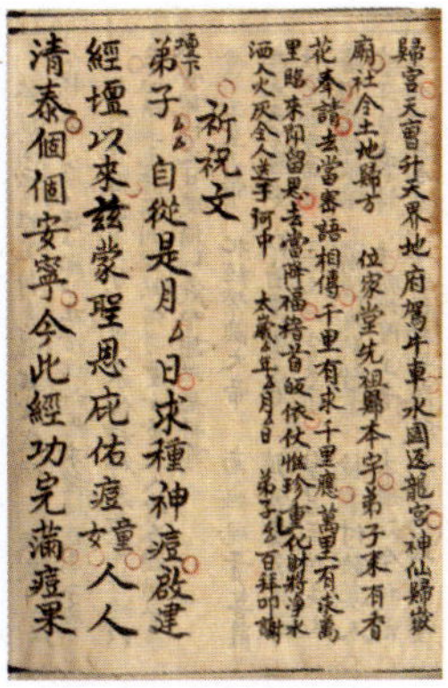

祈祝文

壇下弟子△△自從是月△日求種神痘啟建

經壇以來茲蒙聖恩庇佑痘童女人人

清泰個個安寧今此經功完滿痘果

《请痘娘金科》书影

效果最好。

早期的人痘接种法是直接采取病患产生的痘浆、结痂或其贴身衣物，将其用于人痘接种，这种方法类似于自然感染。由于天花病毒毒性较强，接种具有很大的感染死亡风险，之后改进为采取人工接种后形成的痘痂为痘苗，采用此法连续多次接种可以形成“熟苗”。这样接种的天花病毒毒性大大减弱，接种安全且效果更好。

神技传播惠医林

中国人率先发明了人痘接种这种有效的方法，来对抗人类长期束手无策的天花肆虐。清顺治十年（1653年），中国医生戴曼公东渡日本时，就将人痘接种法引入日本长崎。乾隆十七年（1752年），《医宗金鉴》也传入日本，人痘接种法在日本广泛流传。

康熙二十七年（1688年），俄国派医生来北京学习种痘法。至18世纪，人痘接种法又通过俄罗斯传到土耳其，英国驻土耳其大使蒙塔古夫人玛丽又将这种种痘方法引入英国。1796年，英国医生爱德华·詹纳将人痘接种法改良为更安全的牛痘接种法。嘉庆十年（1805年），牛痘接种法又传到中国，从而代替了流传数百年的人痘接种法。

虽然中国古代的医师并不了解现代免疫学原理，但他们通过长期的摸索实践，创造出以人痘接种来对抗天花的方法，不仅在当时挽救了无数民众的生命，更为推进人类医学的进步做出了卓越的贡献。（王　钊）

顺治帝与生母孝庄皇后画像

据说顺治帝二十四岁感染天花不治而亡，而玄烨（即后来的康熙帝）能够顺利成为储君，得益于他得过天花并痊愈，对此产生了免疫力。

图书在版编目（CIP）数据

新时代版上下五千年．明 / 张海鹏总主编．-- 上海：少年儿童出版社，2024. -- ISBN 978-7-5589-1978-7

Ⅰ．K209

中国国家版本馆 CIP 数据核字第 2024XS4880 号

新时代版

上下五千年·明

张海鹏　总主编

王育济　于化民　执行主编

责任编辑　马淑艳　美术编辑　施喆菁

责任校对　陶立新　技术编辑　陈钦春

出版发行　上海少年儿童出版社有限公司

地址　上海市闵行区号景路 159 弄 B 座 5-6 层　邮编　201101

印刷　上海中华印刷有限公司

开本 889 × 1092　1/16　印张 11.75　字数 245 千字

2024 年 7 月第 1 版　　2024 年 7 月第 1 次印刷

ISBN 978-7-5589-1978-7 / G · 3801

定价 82.00 元